現代哲学のキーコンセプト
自由意志

現代哲学のキーコンセプト

Free Will
自由意志

ジョセフ・K.キャンベル
Joseph Keim Campbell

高崎将平………訳
一ノ瀬正樹……解説

岩波書店

今もなお私の師であり続けている，
恩師キース・レーラーに捧ぐ

FREE WILL
by Joseph Keim Campbell
Copyright © 2011 by Joseph Keim Campbell

First published 2011 by Polity Press Ltd., Cambridge.
This Japanese edition published 2019
by Iwanami Shoten, Publishers, Tokyo
by arrangement with Polity Press Ltd., Cambridge.

謝　辞

　本書を執筆する機会を与えてくれ，さらに執筆中も絶えず私を導き，激励してくれた，編集者のエマ・ハッチンソンに感謝したい．また私の同僚，とりわけマイケル・オローク，デイヴィッド・シャイアー，ハリー・シルヴァースタイン，マシュー・スレイターにも謝意を示したい．私の学生たち，とりわけジェイソン・ターナーにも感謝する．本書の論点に関わるいくつかの論文は，ワシントン州立大学・アイダホ大学の哲学学会で発表された．有益な質問やコメントを寄せてくれた同僚，大学院生，そしてほかの参加者たちに感謝したい．また私は自由意志コミュニティの面々──枚挙にいとまがないのだが，とりわけ『かすかな自由』と『分岐道の園』のブログの関係者──には多くを学んだ．加えて，キース・レーラー，ピーター・ヴァン・インワーゲン，ジョン・マーティン・フィッシャーの著作と厚意は大きな助けとなった．ここに感謝の意を示したい．

　ポリティ出版の査読者からは多くの有益なコメントをもらった．また，スコット・ジオン，ケヴィン・ティンペ，マニュエル・ヴァルガスは，本書の草稿の全体にわたって詳細かつ思慮に富んだコメントをくれた．彼らには本当にお世話になった．草稿に有益なコメントをくれた他の方々として，ニコル・ブランソン，ボブ・ケイン，キース・レーラー，アル・ミーリー，ネイサン・ニコルズ，ロクサン・リース，マシュー・スレイター，ソール・スミランスキー，カドリ・ヴィヴェリン，V. アラン・ホワイトを挙げておきたい．はじめの2章の草稿は，ワシントン州立大学での私の形而上学の授業で使用された．授業を受けてくれたすべての学生に感謝するが，とくに書面でコメントをくれた，レスリー・ランバート，ジュアン・ピーナ，ロス・パウエル，ラルフ・レーガン，ジャロン・ロビンソン，アダム・スターディヴァントにはお礼を言いたい．

　最後になったが，私の家族や友人──とりわけデルフィーンとレイク──の愛とサポートに感謝したい．

目　　次

謝　　辞

1　自由意志 ……………………………………………………………… 1

1.1　なぜ自由意志を気にかけるのか ………………………… 2

1.2　自由意志と運命論 …………………………………………… 5

1.3　時間と真理 …………………………………………………… 8

1.4　予　知 ………………………………………………………… 15

1.5　決定論 ………………………………………………………… 22

文献案内 ……………………………………………………………… 30

自由意志に関連する映画 ………………………………………… 31

2　道徳的責任 …………………………………………………………… 33

2.1　道徳的責任 …………………………………………………… 33

2.2　自由の条件と認識的条件 ………………………………… 35

2.3　他の必要条件 ………………………………………………… 40

2.4　「自由意志」の危機 ………………………………………… 46

2.5　自由意志なき道徳的責任 ………………………………… 49

文献案内 ……………………………………………………………… 49

道徳的責任に関連する映画 ……………………………………… 50

3　自由意志の問題 ……………………………………………………… 51

3.1　第 1 論証 ……………………………………………………… 51

3.2　第 3 論証 ……………………………………………………… 56

3.3　『マインド』論証 …………………………………………… 60

3.4　自由意志についての懐疑論 ……………………………… 63

文献案内 ……………………………………………………………… 67

vii

4 道徳的責任——非両立論と懐疑論 …………………………………… 69

4.1 直接論証 ………………………………………………… 70

4.2 操作論証 ………………………………………………… 78

4.3 究極性論証 ……………………………………………… 82

文献案内 …………………………………………………… 85

5 自由意志の諸理論 ………………………………………………… 87

5.1 リバタリアニズム ……………………………………… 87

5.2 自由意志についての懐疑論 …………………………… 97

5.3 両立論 …………………………………………………… 101

5.4 その他の見解 …………………………………………… 112

5.5 最後に …………………………………………………… 121

文献案内 …………………………………………………… 122

原　　注 …………………………………………………………… 123

訳　　注 …………………………………………………………… 126

参考文献 …………………………………………………………… 129

日本語参考文献 …………………………………………………… 139

解説　「自由意志」を論じるとは
　　　どういうことか ……………………………… 一ノ瀬正樹 …… 141

訳者あとがき ……………………………………………………… 161

索　　引 …………………………………………………………… 169

1
自由意志

　この本では自由意志という概念をめぐるさまざまな問題や議論，そして理論を考察する．そのさい，自由意志についての問題は，自由意志についての懐疑論の論証を通じて理解するべきだ，というアプローチをとる．**自由意志についての懐疑論**とは，私たちはだれも自由意志をもたないという主張である．これは**自由意志テーゼ**，すなわち自由意志をもつひとが存在するというテーゼの否定である．この立場からすると，哲学の問題が真の問題であるのは，そこに横たわる懐疑的議論が説得的であるときに限る．ただ1つの議論から万人が受け入れる結果が得られることはまれである．むしろたいていは，当該の結論に対して異なったレベルでそれを成り立たせるさまざまな議論が存在し，どの議論が説得的でどれがそうでないかについての無数の見解がそれらの議論に伴っているものだ．理論とは，問題のすべてを理解することを目指すものである．すなわち，理論は証拠の全体に照らして問題に説明を与えることを目指す．この本はまず自由意志についての問題からはじめ(1-2章)，つぎにそれが導く議論を考察する(3-4章)．そして最後に，自由意志についての諸理論を探求することで，問題の解決を目指したい(5章)．

　私はおもに認識論，つまり知識の理論を学んできた．その分野での中心的な問題は，認識論的な懐疑論である．私は自分に手があることをいかにして知るのだろうか．自分が水槽の中の脳でないことをいかにして知るのだろうか．じつはあまり知られていないが，これら2つの懐疑論的問題——認識論的な懐疑論と自由意志についての懐疑論——には，多くの共通点がある．**懐疑論者**とは疑いをもつ人のことだが，その疑いには度合いがある．**認識論的な懐疑論者**は，知識に関して疑いをもつが，その点でこの種の懐疑論者は，神の存在に疑いをもつ不可知論者と似ている．無神論者も神の存在を疑うが，その疑いは不可知論者のそれよりも極端である．無神論者は，何らかの存在を疑うという意味で，

1

形而上学的な懐疑論者である．自由意志についての懐疑論も，疑いが否定にまで達した形而上学的な懐疑論の一種である．自由意志についての私の関心は，認識論的な懐疑論や懐疑論一般に対するより広い関心と結びついている．私の中心的な問いはこれだ——自由意志の存在を疑い，自由意志についての懐疑論を受け入れる良い理由は存在するだろうか．

この本の大半は，**両立問題**，すなわち，自由意志は決定論というテーゼと両立するのかという問題にかかわる．本章では，自由意志についての懐疑論を支持する最良の議論は，その前提に**非両立論**のテーゼを含んでいることを示す(1.5節)．非両立論とは，自由意志テーゼが決定論テーゼと両立しないという見解である．したがって，もし自由意志テーゼが決定論と両立するなら，自由意志についての懐疑論を支持する最良の論証は正しくないことになる．このことは私たちが自由意志をもつことを証明するわけではないが，自由意志テーゼを否定する良い理由はないことを示しているかもしれない．これはけっして取るに足らない結果ではない．だがその話題に入る前に，運命論，そしてそのほかに自由意志を脅かすもの——時間，真理，神の予知による脅威——について考察することとしたい(1.2-1.4節)．とはいえ，まずは次の問いからはじめよう——そもそも，なぜ私たちは自由意志を気にかけるべきなのだろうか(1.1節)．

1.1　なぜ自由意志を気にかけるのか

自由意志についての懐疑論が正しいかどうかを，なぜ私たちは気にかけるのだろうか．なぜ自由意志をもっているかどうかを気にかけるのだろうか．そもそも，なぜ自由意志を気にかけるべきなのだろうか．これらの問いに取りかかるにあたって，もう少し自由意志について知っておく必要がある．この本では，本章(1.2節)と次章(2.4節)で擁護される穏当な見解，すなわち，**自由意志とは私たち次第性についての力能だ**という見解(Smilansky 2001)を採用する．言い換えれば，自由意志テーゼが真であるのは，私たちの行為の中のいくつかが私たち次第であるとき，かつそのときに限るという見解である．ここで「選択」でなく「行為」としたのは，選択も行為の一種であると想定しているためである．この想定は異論の余地があるし，もしかしたら誤りかもしれない．それで

2

も私たちは，自由意志を自由な行為によって理解するという方法論を採用する．
というのも，そうすることで後の議論がはるかに簡明になるからである[†1]．それでは，以上の自由意志の理解をふまえて，次の問いの考察に取りかかろう
——なぜ私たちの行為が私たち次第であるかどうかを気にかけるのだろうか．
なぜ私たちの行為が自由であるかどうかを気にかけるのだろうか．

　自由な行為は，創造性，創出，所有者性，そして真正性といった，私たちが
気にかける他のたくさんのことと結びついている．創造性についての見解はさ
まざまである (Russell 2008a)．ミケランジェロのダヴィデ像を考えよう．これ
は真の創出の例だろうか．ミケランジェロはダヴィデ像の究極的な源泉だろう
か．あるいは，像は大理石板の幾重もの断層線の中にいわば先在していて，ミ
ケランジェロのような人によって取りだされるのを待っていたのだろうか (cf.
Leibniz 1704: 3)．もしかしたら，創出以外の人間の創造性も存在するかもしれ
ない．

　一部の哲学者は異議をとなえて，自由であるためには，ひとは自分の行為の
究極的な源泉でなければならない，すなわち，行為者は自由な行為を遂行し，
さらにその原因でなければならない，と考える．さらに，行為は行為者の外部
から因果的に引き起こされたり，影響を受けたりはしないのだ，と主張される
こともある．こういった見解は後でよりくわしく検討する (1.2 節，3.4 節，4.3
節，5.1 節)．はっきりしていることは，私たちが行為の究極的な源泉であるた
めには，自由な行為が要請されるということだ．もしどんな行為も自由ではな
く，創造性が究極的な源泉性という意味での創出を必要とするならば，創造性
もまた不可能になる．たとえ創造性が究極的な源泉性を必要としないとしても，
また創造性がすでに先在しているものを操ることにすぎないとしても，創造性
は依然として自由な行為を必要とするのである．もし何ごとも私たち次第では
ないとしたら，私たちは何かを操ることなどできない．同様の見解は，所有者
性や真正性といった概念が私たちの行為に適用された場合にもあてはまる．も
し私の行為が，それを操るという最も広義の意味ですら私次第でないとしたら，
またもし私が行為に対してコントロールをもたないとしたら，ある行為が私自
身のものだとか，その行為は私がしたことだとかと，どうして言えるのだろう
か．

自由意志が重要であるもう１つの理由は，私たちの多くが自由意志を道徳的責任に必要であると想定していることにある．自由意志が道徳的責任に必要であるかどうかは論争の余地のある問いだが，そうである理由の１つは，一般的に受け入れられる「自由意志」の定義が存在しないことにある．それでも，もし何ごともけっして私たち次第でないとしたら，何ごとについても道徳的責任をもちえない，と考えることは理にかなっている．先ほどのさしあたりの理解をふまえれば，自由意志は道徳的責任に必要だということが帰結する．自由意志が道徳的責任に必要であることを否定する哲学者でさえ，ある種の自由は必要であると考える．自由な行為と道徳的責任のあいだのつながりは，たとえ細かなところで多くの意見の不一致があるとしても，きちんと基礎づけられる．次章の最後で，私たちの「自由意志」のさしあたりの定義は，論争の中でコンセンサスを得ていることを論じる(2.4節)．

　あるいは，自由意志を知的好奇心から気にかけるひともいるかもしれない．私たちには自由意志があると信じる良い理由があるし，自由意志についての懐疑論を受け入れるのにも同じくらい良い理由がある．どちらの見解がより理にかなっているか，またそれはなぜかというのは非常に難解な問いだ．だがそれでも，自由意志は単なる好奇心の対象に尽きるものではない．それは自己理解の営みである．西洋の私たちにとって，自由意志は自己という概念の一部である†2．あなたが自己概念や哲学的パズルに興味をもっているにせよ，道徳的責任，創造性，創出，所有者性，真正性，あるいは自由な行為を重要だと考えるにせよ，あなたは自由意志を重要なものだと考えるべきである．まあ，あなたがこれらのいずれも重要でないと考えているのだとしたら，きっとこのページまでたどり着いてはいないだろうけれども！

　本章の残りでは，自由意志に関する私たちのさしあたりの理解についてよりくわしく論じる(1.2節)．さらに自由意志についての懐疑論を，運命論，時間，真理，神の予知といった問題によって動機づける(1.2-1.5節)．私たちは自由意志の問題に焦点をあてるが(1.5節，3章)，その中には両立問題も含まれる．この問題が興味深いのは，たとえ決定論が偽だとしても解決されないまま残るところである！これは自由意志に対する最大の挑戦だ．自由意志についての懐疑論を受け入れる説得的な理由などないことを示すつもりなら，ここが議論

の出発点である.

1.2 自由意志と運命論

　自由とコントロールについて，2つの重要な見解がある．それは，自由意志一元論と自由の多元論である[†3]．一元論によれば，哲学者たちが「自由意志」という言葉を用いるとき，彼らはみな同一のことを意味している(van Inwagen 2008)．**多元論者**によれば，論争は多様な，そして相対立するさまざまな種類の自由を含む．それぞれの種類の自由は，それが「自由意志」の唯一の意味であるとみなされるかどうかはともかく，興味深いものであり，望むに値するものである(Balaguer 2010)．それぞれの自由には，いくつか質すべき点がある．その種の自由をもつひとはいるのだろうか．その種の自由は道徳的責任に必要なのだろうか．その種の自由は決定論と両立するのだろうか．この本では自由意志についての一元論を擁護する．ただし，その議論には異論の余地があるし，まさにこの本全体を通じて論じられる論点である．

　前節はじめに述べたように，自由意志とは私たち次第性に関する力能，あるいは能力である．一部の哲学者は，自由意志とは**力能の集まり**であると考える．たとえば，反省的自己コントロールの力能(Wallace 1994)や，実践的推論の力能(Vihvelin 2004)の集まりである，というように．また哲学者の中には，自由意志とは単一の，**根源的な力能**であると考えるひともいる(van Inwagen 1983; Strawson 2002)．**古典説**によれば，ひとが自由意志をもつのは，他の仕方で行為することができるときに限る(van Inwagen 1983; Ginet 1990; Kane 1996)．古典説論者の大半は，この他行為能力を自由意志と同一視する(van Inwagen 1983)が，それは自由意志が根源的な力能であることを含意する．

　他行為能力が自由意志にとって本質的であるということに，だれもが同意するわけではない．**源泉説**によれば，ひとが自由意志をもつのは，他の仕方で行為することができるかどうかによらず，彼が自身の行為の源泉であるときに限る(Frankfurt 1969; Fischer 1994; Pereboom 2001)．源泉性の本性についての見解は多岐にわたる．行為者が究極的な源泉である——「私たちが行うすべてのことは，ある絶対的な，そして最終的な仕方で私たち次第である」(Strawson 2002:

451)——ことを要求するものから，単に行為者が行為の適度な源泉であること
を要求するものまで，さまざまである．行為者が**適度な源泉**であるのは，彼が
自身の行為の源泉であるが，究極的な源泉ではないとき，かつそのときに限る
(cf. Spinoza 1677; Nadler 2009)．自由意志は源泉性を要請するが，究極的な源泉
性までは要求しないかもしれない．

　私たちのさしあたりの見解によれば，行為者が自由意志をもつのは，彼の行
為が彼次第であるとき，かつそのときに限る．この見解は源泉説を支持するよ
うにみえるが，行為者次第であるという語の定義の限りでは，古典説にも受け
入れられるものだ．源泉説も古典説も，源泉性は自由意志にとって本質的だと
いう点で同意できる．というのも，源泉性は私たち次第性の一種にすぎないか
らである．彼らの論争の係争点は，次の**古典テーゼ**を受け入れるか拒否するか
という点にある——すなわち，ある行為が行為者次第であるのは，彼が他の仕
方で行為することができたときに限る，というテーゼである．古典説の支持者
は古典テーゼを受け入れるが，源泉説の支持者はこれを拒否するというわけだ．
こういうわけで，源泉性に重きを置くロバート・ケインのような哲学者も——
彼は他行為能力も自由意志にとって本質的だと考えているので——私の分類法
では古典説論者であることになる．この論争については，この本の後の部分で
くわしく論じる(2章，5章)．さしあたって重要なことは，自由意志論争は古典
説論者——自由意志を他行為能力だと考える論者——と源泉説論者——自由意
志を源泉性の一種であると考える論者——という2つの見解に分かれるという
ことである[†4]．

　さて，自由意志についての懐疑論は運命論と関連があるのだが，2つのあい
だのつながりを説明するのは難しい．**運命論**によれば，「私たちは実際になす
こと以外のどんなことをする力ももたない」(Rice 2010)．運命論は次の2つに
区別することができる——私たちのなすすべてのことは運命づけられており，
何ごとも避けられない(Markosian 2009)という**大域的な運命論**と，運命論をよ
り制約のゆるいものとして考える**局所的な運命論**との，2つである．たいてい
の場合，運命論というと私たちは，大域的な運命論ではなく局所的な運命論の
方を考えている．W. サマセット・モームの戯曲「シェピー」の一節を見てみ
よう．

死神 バグダッドにひとりの商人がいた．商人は召使いを市場へやって，食料を買いに行かせた．しばらくするとその召使いが戻ってきて，青ざめた顔で震えながらこう言ったんだそうだ．「ご主人さま，たったいま市場におりましたところ，人ごみの中で女とぶつかりました．振り返ってみますと，ぶつかったのは，なんと死神だったのです．そいつは私を見て，脅すような素振りをしました．ご主人さま，いますぐ馬をお貸しください，私はこの町を出て自分の運命から逃れようと思います．サマラまで行けば，死神に見つかることはないでしょう．」主人が馬を貸すと，召使いはそれにまたがり，馬を急かして全速力で駆けていったんだ．そのあと商人は市場に出てきたんだけど，人ごみの中にいるあたしを見つけ，近づいてきてこう言ったのさ．「なんであんたは今朝うちの召使いに会ったとき，あれを脅すような素振りをしたんだ？」あたしはこう答えたよ，「あれは脅そうと思ったんじゃなくて，驚いたんだよ．バグダッドであいつを見つけて仰天したのさ．だって，あいつとは今夜，サマラで会うことになってたからね．」(Maugham 1931: 298-299)

この物語の中で，使用人はサマラへ逃げ去ろうとしたが，そこで待ち伏せしていた死神に出くわすという結果に終わった．使用人の死は避けがたいものだったが，とはいえここで，すべてのものごとが定まっていたわけではない．

　たとえば，使用人の死は運命づけられていたが，いつ，どこで，どのようにして死ぬのかは運命づけられていなかったかもしれない．彼はサマラでもっと後の時間に死ぬこともありえたし，市場で死ぬこともありえたのである．モームのこの一節は，局所的な運命論の物語だと解釈するのが最も自然である．使用人が死ぬことは運命づけられていたが，いつ，どこで，どのようにしてかは運命づけられていなかった．使用人の死に至るまでには「分岐道の園」が広がっていて，どの道を選ぶかは彼次第だったかもしれない――どの道を選んでも，彼は結局死ぬことになるのだが．彼の死は，彼が何をしようとも避けられなかった．このように，私たちが運命論について考えるときはたいてい，局所的な運命論の線に沿っているのである．

局所的な運命論も大域的な運命論も，出来事という語を用いることで，より正確に定義できる．**出来事**とは，パーティーや野球の試合のように，生じるものごとのことである．出来事は，個体であり特定の時間に位置するという点で，物体と似ている (Casati and Varzi 2010)．出来事は成立する事態であるところの事実と対置される．たとえばオバマが〔2011 年に〕アメリカ合衆国の大統領であるという事実は，たとえ彼が大統領に就任するという出来事が過ぎ去り彼が退任した後でも，事実であり続ける．**大域的な運命論**によれば，すべての出来事は運命づけられている．すべてのことは生じるべくして生じるのである．もし出来事が個物であるとしたら，「局所的な運命論」を出来事によって定義することはできない．つまり，使用人が死にゆくことは運命づけられていたが，彼はいくつもの仕方で死ぬことがありえた．彼の死であるような，どんな運命づけられた特定の出来事もなかったかもしれないのである．**局所的な運命論**とは，いくつかのものごとは運命づけられているが，運命づけられていないものごとも存在する，という見解である．

もし何ごとも避けられないならば，だれも他の仕方で行為することはできない．したがって古典説の立場からすると，もし大域的な運命論が正しければ，自由意志についての懐疑論も正しいことになる．本章の残りでは，古典説を前提したうえで，自由意志についての懐疑論を支持する他の理由——時間や真理や予知や決定論についての考察から生じる，自由とコントロールに対する脅威——を考察する[5]．

1.3　時間と真理

自由意志に対する脅威のいくつかは，時間と真理の本性について考えたときに生じる．まずは時間からはじめよう．**現在主義**によれば，現在存在するものが，存在するもののすべてである (Markosian 2009; Conee and Sider 2005: 3 章)．私の生家を考えよう．その家はかつてニュージャージーにあったが，いまは撤去されて駐車場になってしまった．現在主義者は，その家が存在していたということは認められるけれども，いま存在していないので，その家は存在しないのだ，と主張する．他方，**永久主義**とは，過去や未来のものも，現在のものと

同様に存在すると考える立場である．先ほど述べた家と，私が高校生のときに住んでいて，いまもニュージャージーにある家を比較してみよう．私たちはみな，私が高校生のときに住んでいた家は，たとえそれがここに存在しないとしても，存在するということを認めるだろう．永久主義者は，場所についてのこの直観を，そのまま時間についても適用するのである．たとえば彼は，私が生まれたときに住んでいた家は，たといまは存在しないとしても存在するのだ，と考える．ではそれはいつ，どこに存在するのだろうか．それは，永久主義者によれば，過去に存在するのである．

　永久主義は，時間は存在論的な意味で空間と同様だと考える．時間とは，3つある空間的次元の1つと同様の，別の次元にすぎないのだ．こういうわけで，永久主義者の多くは対象についての**四次元主義**を採用する——それによれば，この宇宙およびその中のものは四次元的な時空ワームだとみなされる．この世界は，その存在の始まりから終わりに至るまで，時空にわたって広がっている．各々の個体はその世界の四次元的な部分であることになる．永久主義者は四次元主義に必ずしもコミットするわけではない．というのも，永久主義は時間についての見解だが，四次元主義は時間を通じた対象の同一性についての見解だからである(Sider 2001)．しかし少なくとも，四次元主義は永久主義を理解するうえで有用である．

　哲学者や科学者の中には，もし相対性理論が正しければ，永久主義が正しいだろう，と考えるひとたちがいる．たとえば，アルバート・アインシュタインは次のように書いている．「「世界」を四次元的時空として理解することは，相対性理論にもとづくなら自然である．というのも，この理論によれば，時間はその独立性を奪われるからである」(Einstein 1920)．だれもがアインシュタインに同意するわけではない(Hinchliff 1996; Zimmerman 2011)．だがそれでも，相対性理論をふまえれば，四次元主義を採用することは自然である．

　さて，もし永久主義が正しいならば，だれも他の仕方で行為することはできない，と論じることができるかもしれない．かくして，永久主義は私たちを大域的な運命論へと導く．アインシュタインの相対性理論を念頭において書かれた，T. S. エリオットによる次の詩的な議論を見てみよう．

現在の時間と過去の時間は

おそらく共に未来の時間の中に現在し

未来の時間はまた過去の時間の中に含まれる.

あらゆる時間が永遠に現在するとすれば

あらゆる時間は償うことのできぬもの.

こうもあり得たと思うことは一つの抽象であり

永遠に可能態以上のものではなく

ただ思念の世界にとどまる.

こうもあり得たと思うことと, こうなってきたこととは

常に現在する一つの終わりに向かう.

跫音（あしおと）は追憶の中に木霊（こだま）し

わたしたちの通らなかった廊下を

わたしたちの開かなかった扉の方へと向かい

薔薇園（ばらぞの）に抜ける. わたしの言葉も

このようにきみの心に木霊する.　(Eliot 1935: 岩崎宗治訳『四つの四重奏』)

この一節は, 永久主義の想定から始まる. つまり, 過去, 現在, 未来の対象は
すべて等しく実在的であるという想定である. エリオットによれば, 「こうも
あり得たと思うことは一つの抽象」であり, 「永遠に可能態以上のもの」では
ない. もし永久主義が正しければ, どうやって実際に生じる以外のことが生じ
うるというのだろうか. どうやって実際にした以外のことをすることができる
というのだろうか. 何ごとも避けることができないならば, 大域的な運命論が
正しいことになる.
　時間と自由意志とが交わる別の領域は, タイムトラベルである. 例として,
祖父のパラドックス(Lewis 1976)を考えてみよう. 「祖父のパラドックス」とい
う語は関連するいくつかのパラドックスの集まりを指すので, 必ずしも話の中
に祖父が含まれる必要はない. たとえば, 自分自身による乳児殺しの可能性,
すなわち, 幼少期の自分自身を殺す例もあれば(Vihvelin 1996), 乳児のときの
曽祖父を殺そうとする例もある (Hawking 1996). さらに他にも, あるひとの祖
父母のなれそめを邪魔して親の誕生を阻むものもある (Deutsch and Lockwood

10

1 自由意志

1994). これらの事例のすべてに共通するのは，タイムトラベラーが自分自身
の誕生を妨げるようなことをできるという，一見してパラドックスを生む状況
を描写している点である．生まれなかったひとがどうやって何かを妨げられる
のだろうか．そして，だれがその誕生を妨げたことになるのだろうか．

　祖父のパラドックスを説明するために，デイヴィッド・ルイス (Lewis 1976:
75ff.)から物語を借りてこよう．ティムは彼の祖父をとても憎んでいて，彼を
葬り去りたいと思っているとしよう．ティムにとっては不運なことに，祖父は
すでに死んでいる．だがティムはただの人間ではない．彼は時間を遡った旅行
を可能にする装置を意のままに使うことができるのだ．ティムは 1944 年——
祖父はまだ生きているが，ティムの両親が生まれるよりも前の時点——へ旅に
出たとしよう．ティムは銃を祖父に向け，彼を撃とうと試みる．もしティムが
1944 年に祖父を殺したとすると，矛盾が生じる．ティムの両親のうちの片方
はけっして生まれないのだから，ティムもけっして生まれないだろう．だがテ
ィムは生まれていなければならない．というのも，祖父を殺したのはまさしく
彼だからだ！　この物語を「ティムの物語」と呼ぼう．ティムの物語は，真の，
そして説得的なタイムトラベルのパラドックスとなっている．

　ティムの物語の中のどこにパラドックスが含まれているのかを明らかにする
ことは重要である．この議論は，背理法の形式に則っている——タイムトラベ
ルは可能であるという前提から出発して，その前提から矛盾を導くという方法
である．このことから，タイムトラベルは不可能だという結論が帰結する．で
は，ティムの物語の前提から，どのような矛盾が帰結するのだろうか．もしテ
ィムが祖父を 1944 年に殺してしまったら，次のような矛盾が生じるだろう．
つまり，ティムは生まれてきた(彼は祖父を殺すためにタイムトラベルをした
から)，かつ，ティムは生まれてこなかった(祖父はティムの親が生まれる前に
死んでしまったから)，という矛盾である．この理由のために，多くのひとは
時間を遡るタイムトラベルはパラドックスを含むと考える．というのも，もし
それが可能だとすると，矛盾を防ぐものは何もなくなってしまうからである．
祖父のパラドックスのこのような形式化は，少なくとも 2 つの理由から不十分
である．最も重要な理由は，矛盾は起こりえないのだから，それが真になるこ
とを防ぐ必要はない，ということである．論理というものはおそらく，他の手

11

を借りずとも，みずからが汚されぬよう努めることができるのだ．

第2の理由として，祖父のパラドックスの上記の定式化は，不完全である．ティムは祖父を撃ち殺そうとしたが，失敗してしまったとしよう．ここで私たちは，明白な矛盾なしにタイムトラベルの事例を得る．ティムの物語は，このように語られた限りでは，タイムトラベルは不可能であるという結論に私たちを導くことはできない．というのも，話の前提から直接的にはどんな矛盾も帰結しないからである．矛盾は，ティムがタイムトラベルをするだけでなく，彼が祖父を殺すことも前提してはじめて帰結する．もしティムの物語を真のパラドックスの基底に用いたいのであれば，物語にはもっと多くのことが盛り込まれなければならない．

さて，もともとの物語に戻ろう．上で私たちは，もしティムが祖父を殺したならば，矛盾が帰結すると論じた．このことは次の主張を支持する．

（A）　ティムは祖父を殺すことはできない．

（A）だけでは，タイムトラベルは不可能だということを確立するのに十分ではない．ティムによる祖父の殺害を妨げるものは何だろうか．ルイスが言うように，「彼は必要な要件をそろえている」(前掲：77)のである．次のようなことを想定することさえできる——まさにティムが祖父を殺そうとしたその瞬間に，トムという別の人物が，祖父の友人のバディを撃ち殺そうと試みた，と (cf. 前掲：75)．トムはタイムトラベラーではないので，彼がバディを殺せないと考える理由は見当たらない．ティムとトムはともに優秀な射手であり，軍隊での幅広い訓練を積んでおり，体調もよく，銃を構えて準備万端であり，十分な銃弾をもっており，適切な計画をきちんと立てており，などなどが成り立っているとしよう．トムがバディを殺すことができることを十分説得的にするために，望むならいくらでも多くの詳細をこの物語に加えることができる．さて，ティムとトムは関連する点のすべてでそっくりなのだとすると，結果的に次のことが言える．

（B）　ティムは祖父を殺すことができる．

1 自由意志

(A)と(B)は矛盾するので，ここにパラドックスが生じる．タイムトラベルが可能であるとすると，(A)も(B)もともに真であるような物語——ティムの物語——を作ることができる．しかし(A)と(B)がともに真であることはありえない．よって，タイムトラベルは不可能である．

上に述べた2つの難問——自由意志と永久主義の一見した衝突，そして祖父のパラドックス——はともにパラドックスを含むが，そのどちらも，必ずしも自由意志にとって問題含みであるとは限らない[1]．1つには，永久主義が正しいとか，タイムトラベルが可能であるといったことをいつでも否定することができる．このような逃げがうまくいくかはあまり明らかでないし，もしうまくいくとしても，それ以上のご利益があるようには思われない．というのも，自由意志の本当の問題と時間の本性に関わりがあるかどうかは，それと真理の本性との関わりほどには，明らかでないからである．幸いにして，祖父のパラドックスに対する最も良い解決のうちのいくつかは，ルイス自身による文脈主義的な応答も含め，両立論のいくつかのバージョンを反映している．これらについては後で議論する(3.1-3.2節；5.3節)．

大域的な運命論を支持する議論は，次の真理の**無時制説**からも生みだすことができる(cf. Markosian 2009)．

- すべての真な命題は端的に真であり，一時的に真であるわけではない．
- すべての命題は真であるか偽であるかのいずれかである．
- どの命題も，その真理値を変えることはない．

ネッド・マーコシアン(Markosian 2009: 1節)によれば，大域的な運命論は真理の無時制説から帰結する．私が明日黒のコンバースのスニーカーを履くことがいま真であるならば，そのことは不可避的であり，私は他の仕方で行為することができない．以下に示すのは彼の議論を少しだけ変えたものである．

1. 真理の無時制説は正しい．
2. もし(1)が真ならば，真であった／真である／真であるだろうすべての

13

ことを含意するような，ある命題の集合が存在する．

3. もしそのような命題の集合が存在するならば，あらゆることは不可避的である．

4. したがって，あらゆることは不可避的である（大域的な運命論は正しい）．

これは説得的な論証だが，正しい論証だろうか．

ジョン・ペリー(Perry 2004; cf. 3.1 節)に従って，命題が真であるということと，命題が真にされるということを区別することができる．真理の無時制説によれば，**真理の時点**は存在しない．つまり，命題が真になるような特定の時点は存在しない．無時制説によれば，すべての命題は——それが真ならば——永久的に真だからである．命題は，出来事や世界に関する事実によって真にされる．かくして，真理の時点に加えて，私たちは**出来事の時点**(あるいは事実の時点)，つまり，命題の真理メイカーであるような出来事が生じる時点(あるいは命題の真理メイカーであるような事実が成立する時点)，について語ることができる．私は自分の右手を挙げ，それによって私の右手が挙がっていることを真にするのだ．この考え方をふまえれば，ある命題はあるひとにとって，彼がその命題を偽にすることができない限りで避けられないものである．しかし，ある命題が真であるというだけで，それが真にされることがありえないということは帰結しない[2]．よって次のように論じることが可能だろう——命題が避けられうるのは，他のいくつかの条件とあわせて，それが真にされていない限りにおいてだ，と．以上の考察から，大域的な運命論を支持するマーコシアンの議論の(3)には疑問符がつく．

もちろん，前提(1)，つまり真理の無時制説を否定するひともいるかもしれない．たとえば現在主義者ならば，次の**真理の時制説**を採用するのがより自然だろう．

- 命題の中には，端的にではなく，一時的に真であるものが存在する．
- 命題の中には，真でも偽でもないものが存在する．
- 命題の中には，その真理値を変えるものが存在する．

たしかに真理の時制説を採用することで，真理の無時制説によって提起された
すべての問題から逃れることができるだろう．しかしそのことの代償として，
真理に関してより複雑な見解をとることになる．私自身の見解はといえば，人
生はかくも複雑なので，可能な限りシンプルにするよう努めるべきだ，という
ものだ．そういうわけで私としては，無時制説を擁護したいと考えている．

1.4 予　知

　多くのひとは，神やその本性についてのいくつかの命題を認めているために，
大域的な運命論を正しいと考えている．議論のために，神は完全な存在であり，
神的な属性を本質的に有しているものと仮定しよう．ここですべての神的な属
性を論じる必要はないが，全能性，仁愛，全知性，永遠性，そして不変性につ
いては言及する価値がある．ところで，神は万物の創造者なので，神は万物の
原因でもなければならない，と論じるひとがいるかもしれない．かくして，悪
が存在するので，神は悪の原因でなければならない（Augustine 1993）．これは
悪の問題の1つであり，それによれば，悪の存在はそれだけで——もしかした
ら現実世界にある悪だけでも——神の本性に難問を生じさせる．この問題につ
いて綿密に議論することはできないが，次のことは言えるだろう．もし神が万
物の創造者ならば，どうして人間が世界の中の出来事に対して——よって行為
に対しても——コントロールをもちうるのかを見てとるのは困難である．神は
万物の原因だという主張は，自由意志テーゼと衝突してしまうように思われる．
とはいえ，現代の哲学者の中で，少なくとも上に述べたような意味で神は万物
の原因である——これが自由意志を排するようにみえる主張なのだが——と考
えるひとはほとんどいない．

　もっとよく知られた懸念は，神の全知性について考察したときに生じる．全
知とは，完全な知識のことである．よって，もし神が全知ならば，彼は矛盾し
た信念をもたず，真であるすべての命題を知っていることになる．真理の時制
説をとるか無時制説をとるかに応じて，神が真であるすべてのことを知りうる
2つの仕方が存在する．もし神が**完全予知**をもつのだとすると，どの時点でも

15

神は，真であった／真である／真であろうすべてのことを知っていることになる．他方で，真理の時制説を採用することもできる．この見解によれば，ある未来時制の命題——たとえばジョーは明日黒のコンバースのスニーカーを履くだろう，という命題——は真でも偽でもない．この命題は，私が明日その靴を履いたとき真になるし，履かなければ偽になる．もしかしたら神は真理のすべてを知ってはいるものの，**部分予知**しかもっていないかもしれない．

だが，もし神が完全予知をもっているとしたら，どうしてあらゆることが別様でありうるのだろうか．そしてもし何ごとも別様でありえないとすれば，どうしてひとは他の仕方で行為することができるのだろうか．完全予知をふまえると，自由意志は幻想であるように思われる——とりわけ古典説をとるならば（Hasker 1989; Zagzebski 2002; 2008 を見よ）．そのような議論の1つは次のように進む．もし神が，私が明日黒のコンバースのスニーカーを履くことを知っているとすれば，彼はその命題を，地球の創造の瞬間から——あるいは私が生まれる前のどの時点でもよいが——知っていることになる．人間が存在する以前の遠い過去の時点 t_0 が存在し，その時点で神は私が明日黒のコンバースのスニーカーを履くことを知っているのである．しかし，私には遠い過去のことについて何の選択肢もない．神が不変であることを仮定すると，神が時点 t_0 に私が明日黒のコンバースのスニーカーを履くと信じるかどうかについて，私に選択肢はない．かくして，私は明日黒のコンバースのスニーカーを履くかどうかについて，私に選択肢はない．この議論は一般化できるので，大域的な運命論が帰結するように思われる．

リンダ・ザグゼブスキ（Zagzebski 2002; 2008）は，予知と自由意志の問題に対して，少なくとも7つの解決策を述べているが，それらに加えてもう1つ，解決策を付け足すことができる[6]．それらのうちの2つ——**フランクファート的／アウグスティヌス的解決策**，そして様相論理の論点（過去の必然性や必然性の移行原理の否定）を扱う解決策——はここでは論じない．というのもこれらの解決策は，自由意志と決定論の問題に充てられる後の節（1.5節，3.1-3.2節，5.3節）での議論と類似した結果をもたらすからだ．

ザグゼブスキの他の見解のうちの2つは密接に関連している——それは**開かれた有神論的見解**と，**アリストテレス的見解**だ．両見解がともに述べるところ

によれば，部分予知は大域的な運命論を含意しないので，もし神が完全予知を
もたず，部分予知しかもたないと想定するならば，古典的な自由意志の問題に
対して問題は生じない．アリストテレス的見解の本質は，真理の時制説を認め
るか，あるいは少なくとも真理の無時制説を否定することにある．開かれた有
神論説はその代わりに，神の完全予知の欠如に注目し，明示的に決定論テーゼ
を否定して自由意志に関するリバタリアン的な見解[3]を採用する．「部分予知」
の私たちの定義に鑑みると，これら両見解は区別がつかない．2つの見解が同
一だというわけではないが，その違いは私たちが見てとるにはあまりに些細な
ものなのである．

　つぎにみるのは**ボエティウス的解決**である．神が永遠でありうる仕方には次
の異なる2つがある (Pike 1965: 29-30)．第1に，神は全時間的でありうる，す
なわち，神はすべての時点に存在しうる．第2に，神は無時間的でありうる，
すなわち，神はどの時点にも存在しておらず，むしろ時間の外側に存在しうる．
多くの哲学者が，永久性に関する無時間的見解が完全予知の問題に対する解決
を与えると考えている (Boethius 2001)．他方で私を含めた多くは，そのような
見解は理解不能であり，問題解決の助けにならないと考えている．そもそも，
何かが時間の外側に存在していると言うとき，その人は何について語っている
というのだろうか．無時間的見解が不可能だというわけではないが，もっとま
しで正直な応答は，単純に次のように言うものだろう．「解決策は存在するけ
れど，それが何であるかは私にはわからない」．これはある種の**神秘主義**であ
る．この論点については後に触れるが(5.4節)，一般論を言えば，語ることが
できないときには沈黙するべきである．

　オッカム主義は，過去についての柔らかい事実と，過去についての硬い事実
とを区別する．前者は時間的に関係的だが，後者は時間的に非関係的である．
過去についての**硬い事実**，つまり時間的に非関係的な事実のみが，必然的に真
である．この見解によれば，過去についての柔らかい事実は，実際には過去に
ついてのものではない．〈昨日，ジョーが明日黒のコンバースのスニーカーを
履くということは真であった〉という主張を考えよう．この命題は本当に過去
についてのものだろうか．〈ジョーが明日黒のコンバースのスニーカーを履く〉
という命題は未来についてのものであり，昨日生じた出来事ではなく，明日生

じる出来事によって真にされたり偽にされたりするものである．この命題——〈ジョーが明日黒のコンバースのスニーカーを履く〉——は，それがもし過去についての事実なら硬い事実だが，実際には（それがもし事実ならば）未来についての事実である．この理由のために，〈昨日，ジョーが明日黒のコンバースのスニーカーを履くということは真であった〉という当該の命題は，過去についての柔らかい事実である．この命題は，本当は過去についてではなく，未来についてのものなのだ．同様に，〈ジョーが明日黒のコンバースのスニーカーを履くことを神は知っている〉も過去についての柔らかい事実なので，この命題は必然的に真ではない．

　ジョン・マーティン・フィッシャーは興味深い応答をしている．彼によれば，「2つの論点を区別することが重要である．つまり，1つは時間的な非関係性と関係性（つまり硬さと柔らかさ），もう1つは固定性と非固定性（つまりだれかのコントロール下にないこととあること）である．私は，神が事前にもつ信念は，柔らかいがそれでもやはり固定されている事実のクラスに属すると論じるつもりである」(Fischer 1994: 115)．言い換えれば，たとえ過去についての命題が過去についての硬い事実でないとしても，依然として完全予知が自由意志に問題を提起するということが帰結するかもしれない．フィッシャー（前掲：117）が述べるように，「ハード・コアな柔らかい事実」——つまり，固定されている柔らかい事実——が，硬い事実と同様に私たちの自由とコントロールを損なうことがありうるのである．

　モリーナ説によれば，神の予知は，神の過去についての知識と，たくさんの自由に関する反事実的条件文とから演繹される．**自由に関する反事実的条件文**とは，次のような条件文のことである．

- もしジョーがサイクリング用のショートパンツを履くことになったなら，彼は黒のコンバースのスニーカーを履くだろう．
- もしジョーが正装のショートパンツを履くことになったなら，彼は茶色のサンダルを履くだろう．

これはモリーナ説を過度に単純化したものである．というのも，反事実的条件

1 自由意志

文は，これらの例が示唆するよりも複雑になりうるからである．さらに，神の意のままにあるような自由に関する反事実的条件文は，上記の状況においてさえ，上の2つ以外にももっとある．次のような命題の無限集合が存在するという可能性を考慮すれば，この見解をもっとよく理解できるかもしれない．

- もしジョーが，雨の日にバイクに乗って職場に向かうなら，彼は黒のコンバースのスニーカーを履くだろう．

これでピンときてくれたことを願う．あるいは，自由に関する反事実的条件文は，行為者が他の仕方で行為できるということを保証するのだ，と論じることさえできるかもしれない．というのも，その反事実的条件文は自由に関連する力能や能力を基礎づけてくれるからである（cf. 傾向性主義，5.3節）．だがそれでも，神はその反事実的条件文，および過去と現在についての他の事実をあわせて知ることで，未来をその完全な細部に至るまで予測することができる．これがモリーナ説の言わんとするところである．

　自由に関する反事実的条件文について，ウィリアム・ハスカーはこのように問う．「これらの命題が真であることをもたらすものは（あるとすれば）だれなのか，あるいは何なのか？」（Hasker 1989: 39）．自由に関する反事実的条件文は永久的に真である（真理の無時制説をふまえれば）から，それをするのは行為者ではありえない，と論じるひとがいるかもしれない．反事実的条件文は，世界がどのように進むのかを確定するために神が用いるデータの一部なのだ．だが，もし自由に関する反事実的条件文が行為者次第でないならば，それらは自然法則——つまり，ひとの行動を予測するために使えるが，ひとがそれに対してコントロールをもたないように思われる一般化——であるように見えてくる．すると自由意志と予知の問題は，にわかに自由意志と決定論の問題であるかのように見えてくる（1.5節）．モリーナ説をふまえると，完全予知は決定論テーゼと同じくらい厄介である．これは相対的な批判にすぎないものの，完全予知は決定論に比べれば自由意志にとって問題にはならないというのが広く同意を得ている見解なので，言及しておくに値する批判である．

　この問題について次のように応答することができるだろう．自由に関する反

19

事実的条件文のうちの少なくともいくつかが人間の行為者の自由な行為によっ
て真であるような，理にかなった事例を作ることができる．すなわち，人間の
行為のうちのいくつか，あるいは私たちの行為の帰結のうちのいくつかは，自
由に関する反事実的条件文の真理メイカーなのである．例を挙げよう．私は高
校でレスリングをやっていた．高学年のときにはとても優秀な選手で，高校の
レスリング部の MVP を獲った．なので，卒業後も引き続き訓練を積めば，私
が最終的に次の反事実的条件文を真にしたと想定することはもっともらしいだ
ろう．

- もし対戦相手が試合中に私にクレイドルを仕掛けてきたなら，私はそれ
  をシットアウトしてカウンターを決めるだろう．

クレイドルとシットアウトは，レスラーがとりうる種類の行為のうちの 2 つだ．
だが失礼，読者にはなじみがないと思うので，おそらく次の例の方が良いだろ
う．
　ジョンソンという男がいて，彼は若いとき，ある状況 G′ においてかんしゃ
くを起こす傾向があったとしよう．そしてさらに，ジョンソンは徹底的な治療
を受けて，最終的にかんしゃくの症状を克服したと想定しよう．怒鳴り散らす
代わりに，彼は状況 G′ において，10 まで数えるよう自分に言い聞かせ，そう
することで彼は怒りを鎮められるようになったのだ．さて，G^* を，彼が症状
を克服したあとに生じる，G′ に似た状況であるとしよう．かんしゃくの克服
後の時点であれば，ジョンソンは，彼自身の自由な行為を通じて，次の反事実
的条件文を真にすることができるように思われる．

- もし G^* が成立したら，ジョンソンは 10 まで数えるだろう．

このように，ひとが自身を訓練——あるいは再訓練——することで，特定の状
況で特定の行為を遂行するようなケース，あるいは類似する過去の状況でかつ
て彼がしたのとは別の仕方で行為するようなケースは，山ほどある．よって，
自由に関するどんな反事実的条件文も人間の努力によって真になることはない，

という考えは疑わしい.

　予知についての懸念は，神が存在すると想定しなくても生じうる．映画『マトリックス』の 3 部作を考えよう．オラクルがはじめてネオに出会うとき，彼女はすでに彼について多くのことを知っている（『マトリックス』22 章）．オラクルはネオが花瓶を割ってしまうことを，彼がそうする前から知っている．トリニティがネオを好きであるということも，そしてネオがモーフィアスを救うか保身に走るかという 2 択のあいだで重要な選択を迫られることも．さらに彼女は，ネオが救世主であることすら知っている．救世主であることに対するネオの嫌悪感は，オラクルが明かすところでは，運命の支配下にあるという信念から来ている．彼は自分が救世主であると認めるのを拒むが，その理由の 1 つは，彼は救世主が運命に囚われる身であると知っており，かつ自分の未来がすべて計画されることは自由を損なうと考えていることにある.

　映画『マトリックス リローデッド』(13 章)では，オラクルがネオにキャンディを差しだした後で，2 人は次のような会話をする.

　　　ネオ：僕がこれを食べるかどうかも君はもう知ってるんだろう？
　　　オラクル：もし知ってなかったら預言者とは言えないわよ．
　　　ネオ：だけどもし君が知ってるんなら，僕はどうして選択ができると言えるんだろうか？

『マトリックス』3 部作は，予知と自由意志の問題を単に提起するだけではなく，その解決をも目指している．予知は自由意志を壊しはしない．なぜなら，ネオについての予言は真でありながら，なおかつネオは自分の行為について完全にコントロールをもっているからである.

　これまでに論じてきた問題は重大だが，現代の哲学者の大半はそれらにあまり頭を悩ませていない．現代の哲学者たちの大きな悩みの種は，決定論の脅威から生じる．決定論が時間や真理や予知よりも悩ましい理由は，たとえ私たちが決定論を否定したとしても，自由意志に対する脅威が残るということにある！ つまり**自由意志の問題**とは実際には次の 2 つの問題——自由意志と決定論の問題，そしてそれに加えて，運の問題，あるいは自由意志と非決定論の問

題である (van Inwagen 2008; Strawson 1986; 2002; 2004). この問題はとても難しくかつ根本的なので，もし解決できたならば，これまでに論じた他の問題も解決できることが期待される.

自由意志に対する脅威はさまざまな起源をもっており，さまざまに異なった世界観から生成されうるということは特筆に値する. あるひとはある宗教的な世界観を採用して，神による予知や宿命や不変性のために脅威を感じるかもしれない. あるいは科学的な世界観を採用して，永久主義や，私たちをとりまく世界の自然的，因果的説明から脅威を感じるかもしれない. 後で見るように，たとえ決定論が偽であったとしても，自由意志に対する脅威はなおも残存しうる——非決定論的な描像のもとでは，私たちの行為は偶発的で原因をもたない出来事であるようにみえるからである(1.5節，3.3節). 自由についての懸念は，どんな世界観をとるかにかかわらず，避けられないのだ.

1.5　決定論

形式ばらずにいえば，決定論とは，「過去と自然法則が与えられれば，ただ1つの可能な未来しか存在しない」というテーゼである(van Inwagen 1983: 65). 決定論はたいてい因果テーゼとして理解される. すなわち，過去の出来事と自然法則が合わさって未来の出来事を引き起こすというわけだ. しかし，ここで決定論と，すべての出来事には原因があるという**普遍的因果性**のテーゼとを区別するよう注意しなければならない. おそらく量子力学は非決定論を要請するが，だからといって，量子的な出来事が原因をもたないとは限らない. 量子的な法則は確率論的かもしれないので，決定論なしの普遍的因果性というものがありうるのである.

原因-結果の関係は出来事間の関係である. マッチを擦って火がついたとしよう. マッチを擦ることと点火は2つの別々の出来事であり，前者が後者を引き起こす. 行為もまた生じることなので，出来事の一種である. 自然法則は命題であり，出来事ではない. **命題**とは真理値の究極的な担い手である. 出来事は生じたり生じなかったりするものだが，命題は真であったり偽であったりするものである. マッチを擦ることは生じることだが，真であったり偽であった

りするものではない．〈マッチが擦られるということ〉は真か偽であり，これは命題である．命題と出来事のあいだには結びつきがある．ある出来事が生じるのは，対応する命題——すなわちその出来事が生じるということ——が真であるとき，かつそのときに限る．おそらく，出来事と事実のあいだにも同様の結びつきがある．

「決定論」の標準的な定義は，命題間に成り立つ関係である含意関係によって与えられる．**決定論が真であるのは，宇宙における任意の過去の状態の完全な記述と自然法則とが合わさって，各々の，そしてすべての真な命題を含意するとき，かつそのときに限る**[†7]．この定義は**ラプラス的な「決定論」の定義**と関連する．これがその定義である．

> 私たちは宇宙の現在の状態を，それ以前の状態からの結果とみなすべきであり，またそれ以後の状態の原因とみなすべきである．ある瞬間において自然界に作用する力のすべて，および宇宙に存在するすべてのものの瞬間的な位置を知っている知性ならば，その知性がすべてのデータを分析にかけられるほど十分に強力である限りで，宇宙で最も大きな天体の運動から最も小さな原子の運動までのすべてを単一の式で理解することができるであろう．その知性にとっては，不確実なものごとは何ひとつなく，過去も未来もその目の中に現れているのである．人間精神が天文学にもたらした円熟は，そのような知性のきわめて薄弱な輪郭しかもたらしていない．
> (Laplace, in Hoefer 2010)

普遍的な予測可能性，すなわちすべての出来事は予測可能であるというテーゼも，決定論と区別しなければならない．ラプラスが決定論を，神的存在の予測能力によって定義したことは有名である．だが決定論的世界の中にはカオス的なものがあり，したがって予測不可能であるということがわかっている(Hoefer 2010)．

映画『ウェイキング・ライフ』(Richard Linklater 2001)の中で，哲学者デイヴィッド・ソーザは，主人公と自由意志の問題を議論している．おそらく世界は，すべてのもののふるまいを支配する基本物理法則に従って動いている．もし私

たちひとりひとりが物理的な系であるならば，私たちの行動はまさにその法則の影響を受ける[8]．これが自由意志と決定論の問題である．つまり，もし決定論が真ならば，だれも自由意志をもたない——そのように思われるのである．もし非決定論が真ならば，自由意志をもつ見込みが高まると思われるかもしれない．だがソーザが示唆するところによると，もし世界が非決定論的ならば——もしすべてのものごとが量子的な微粒子の予測不可能なふるまいの結果であるとすれば——それも自由の助けにはならない．その仮定のもとでは，私たちの行為はカオス的な系の内部の偶発的な揺らぎにすぎないからである．もしそうなら，どうしてあらゆるものごとが私たち次第でありうるのだろうか．決定論が真であれ偽であれ，そのどちらのモデルでも自由意志の余地は残されていないのである．

　ソーザと主人公のあいだの議論は自由意志の問題の2つの側面を明らかにしている．すなわち，自由意志と決定論の問題と，運の問題である．**運の問題**によれば，非決定論は偶発性をもたらすが，それは行為が私たち次第であることの妨げになる．そういうわけで，たとえ行為が決定されていないとしても，依然として自由意志の問題は生じうるのである．これら2つの問題——自由意志と決定論の問題と運の問題——を合わせると，自由意志の問題が得られる(van Inwagen 2004; 2008)．それは次の**自由意志のジレンマ**によって最もよく描きだされる．

1. もし決定論が真ならば，だれも自由意志をもたない．
2. もし非決定論が真ならば，だれも自由意志をもたない．
3. したがって，だれも自由意志をもたない．

　大半の哲学者は自由意志を道徳的責任に必要なものと考えるので，自由意志の懐疑論はしばしば**道徳的責任についての懐疑論**，すなわちあらゆることに対してひとは道徳的責任をもたないという主張を導く．したがって自由意志の問題のもつ帰結は，もしそれが厄介なものでないとしても，少なくとも日常的な理解とは対立するし，また多くの宗教理論や道徳理論の教条にも反する．この問題(3章，4章)および複数の解決策(5章)はこの本の後半でくわしく論じられ

る．本章の残りでは，自由意志のジレンマをよりくわしく説明し，いくつかの有用な用語法を導入することとしたい．

自由意志のジレンマの前提(1)は，非両立論の主張である．両立論によれば，自由意志テーゼは決定論と整合する．両立論は，自由である出来事(たとえば行為)が存在し，かつ決定されている出来事が存在する，と主張するだけではない．この主張は非決定論とも整合する．むしろ，**両立論**は次のようなより強いテーゼである——まったく同一の行為が自由でありかつ完全に決定されていることがありうる．**非両立論**は両立論の否定である．

両立論，非両立論，そして自由意志についての懐疑論はさまざまな形式をとる(James 1956; van Inwagen 1983)．**強硬な決定論者**は，決定論を認めて自由意志テーゼを否定する非両立論者である．よって強硬な決定論者は自由意志についての懐疑論者でもある．**リバタリアン**は，決定論を否定して自由意志テーゼを認める非両立論者である．**穏健な決定論者**は，決定論と自由意志テーゼをともに受け入れる両立論者である．物理学，とりわけ量子力学の発展によって，多くのひとは決定論を拒否するようになったので，穏健な決定論や強硬な決定論をとるひとは，いないわけではないがまれである[†9]．現代の3つの中心的な見解のより良い分類は，リバタリアニズム，両立論，そして自由意志についての懐疑論である(Campbell, O'Rourke, and Shier 2004b: 3-7)．この3つの見解はこの本の残りの部分で論じられる．ここでは穏健な決定論と強硬な決定論についてもう少し述べておきたい．

なぜ非両立論を，そして前提(1)を受け入れるのだろうか．決定論は，過去と法則が与えられれば，ただ1つの未来しか存在しない，という条件的なテーゼである．どのようにしてこの条件的なテーゼから，自由意志についての懐疑論へと至るのだろうか．多くの哲学者にとって，**帰結論証**がその答えを与える．

> もし決定論が真ならば，私たちの行為は自然法則と遠い過去の出来事からの帰結である．しかし，私たちが生まれる前に生じたことは私たち次第ではないし，自然法則が何であるかも私たち次第ではない．したがって，これらの帰結は(私たちの現在の行為も含めて)私たち次第ではない．(van Inwagen 1983: 16)

帰結論証の第1の前提は「決定論」の定義から出てくる．第2の前提はより興味深い．それによれば，過去と自然法則は私たち次第ではないという．だが，古典説をふまえると，このことは何を意味するのだろうか．

　直観的に言って，世界に関する命題の中には，私たちがそれを真か偽にすることができるという意味で，私たち次第であるようなものがたくさん存在する（van Inwagen 1983: 66-67; 2.1節）．私は手を挙げることによって，〈私の手が挙がっている〉という命題を真にすることができる．あるいはもとあった場所から自分の手を下げることで，〈私の手が挙がっている〉という命題を偽にすることができる．これは身の回りの世界に対して私がもつ力についての1つの考え方だ．帰結論証の第2の前提は，この力は絶対的ではないと主張する．私が偽にすることのできない命題の中には，自然法則や，過去についての真な命題がある．私は重力法則を偽にすることはできない．また私はバラク・オバマが2008年にアメリカ合衆国の大統領に選出されたことを偽にすることもできない（Lewis 1981; van Inwagen 1983; Perry 2004）．古典説をふまえれば，これらすべてのことは自由意志のジレンマの前提(1)を支持するように思われる．

　帰結論証によれば，決定論が正しければ，だれも任意の真な命題を偽にすることができないことが帰結する．したがって，古典説をふまえると，だれも他の仕方で行為できず，自由意志テーゼは偽であることになる．私がなした行為は，過去と自然法則とから必然的に帰結するものにすぎない．任意の時点において私には過去と自然法則についての選択肢がないので，私の行為についても選択肢がないことが帰結するのである．帰結論証によれば，自由意志の否定は決定論から帰結する．帰結論証については後でよりくわしく論じることとしよう（3.1-3.2節）．

　自由意志にとっての問題は決定論だけではない．非決定論も同じくらい厄介な問題である．以下に示すのが，ピーター・ヴァン・インワーゲンによる前提(2)を支持する運の問題の一例である．

　　…自然法則が非決定論的であると仮定する／主張することは，［古典的な自由意志］の存在を信じたいひとにとっていくらかの慰みになるだろうか．

もし法則が非決定論的ならば，たしかに 2 つ以上の未来がその法則と現実の過去および現在と整合する——だが，どうしてそのうちのどれが現実になるかについての選択肢が私たちにあると言えるのだろうか．どれが現実になるかは運の問題ではないだろうか．もし神が非決定論的な世界を過去のある時点の状態に正確に「巻き戻す」としたら，そしてそこから世界を再び進展させるとしたら，ものごとは「2 回目」には異なった仕方で生じるかもしれない．だがそうであるならば，もし世界が非決定論的だとすると，ものごとが現実の通りに生じたことは偶然にすぎないのではないだろうか．そしてもし私たちのすることが偶然にすぎないのだとしたら——そう，だれがそんなものを自由だと呼ぶというのだろうか．（van Inwagen 1998: 370）

古典説をとるにせよ源泉説をとるにせよ，非決定論はいかにして自由意志の助けになりうるのだろうか．非決定論が成り立つときにはいつも，そこには偶然や運があるだけであり，どちらも行為者の自由意志に貢献しはしない．どちらも行為者の自由意志を「増したり招いたりする」ことはありえないのである（Balaguer 2010: 119）．

両立問題を描きだす，上のものと関連した話がある．神がものごとを 100 回同じ状態に「巻き戻し」たところ，毎回同じになることが判明したとしよう．そのとき私たちの行為は，自由でなくむしろ強制的なものであることだろう．これら 2 つの話を組み合わせることができる．あなたが 2 つの選択肢から 100 回連続で選択し，そのすべてで選択は同じであったとしよう．これは強制的な行為と言えるだろう．さて，あなたが 100 回のうち半分で片方の選択肢を選び，もう半分で他方の選択肢を選んだとしよう．これは運にすぎないだろう．この 2 つの組み合わせによって事態がましになることがあるだろうか．まさにこれが自由意志の問題なのである．

おそらく自由意志のジレンマよりも有力なジレンマ論証は，次の「**非両立論は足しにならない論証**」である．

1. もし決定論が真ならば，だれも自由意志をもたない．

2′. 非決定論は足しにならない.
3. したがって,だれも自由意志をもたない.

　ゲーレン・ストローソンはこのような自由意志についての懐疑論の論証の支持者である(3.4節,4.3節).前提(2′)を支持しているストローソンからの引用を見てみよう.

- どうして道徳的責任についての主張が,私たち自身や行為の実際のありかたが部分的には確率や偶発的結果の問題である,という想定によって改善するといえるのだろうか.(Strawson 2004: 序論)
- …非決定論的,あるいは偶発的な要因それ自体が——仮定によってそれらについてはだれも責任をもたないのであるが——ひとが自分のありかたについてもつ真の,根源的な責任に貢献しうると想定することはばかげている.(前掲:3節)
- …非決定論的なものごとの生起は道徳的責任に貢献しえない.…非決定論は責任ではなく,予測不可能性をもたらすのである.それはまったく足しにならない.(前掲:5節)
- …非決定論的なものごとの生起はけっして真の(道徳的)責任の源泉ではありえない.(前掲:6節)

　論証のこの読みにもとづくと,運についての考察は自由意志のジレンマの前提(2)ではなく,「非決定論は足しにならない」論証の前提(2′)を支持するとされる.運の問題は,非決定論の特定の顕在化が私たちの自由意志を脅かすことを示唆する.もしそれが真の脅威であるなら,その理由は,非決定論が偶発的な要素を行為に至るまでの因果連鎖にもたらしていることにある.だが,特定の非決定論が自由意志を脅かすという事実を一般化して,自由意志のジレンマの前提(2)を結論することはできない.というのも,単なる非決定論の真理は,私たちの行為が決定されていないことを含意しないからである.私たちが決定論に対してすでに問題を抱えていてはじめて,(2′)は重要性をもつ.すなわち,私たちに非両立論——つまり両方の論証の前提(1)——を信じる理由がすでに

ある限りにおいてである。この理由のために、「非決定論は足しにならない」論証に類する論証は多くの自由意志についての懐疑論の論証の背後にあり、その正しさは非両立論のテーゼに依拠しているのだと私は考えている。なぜなら、「非決定論は足しにならない」論証において決定論は自由の脅威になると期待されており、非決定論が問題含みであるのは、それが足しにならない限りにおいてだからである。

　ヴァン・インワーゲンも同様に、『マインド』論証[4]を受け入れている。非決定論は真だが、因果的な非決定論が生起する唯一の場所が、すべての地球上の出来事の光円錐の外側にある、はるか遠くの時空領域であるとしよう。どうしてヴァン・インワーゲンによる先ほどの非決定論的な運についての観察が、地球上の行為者が自由意志を欠いていることを示しうるだろうか。ヴァン・インワーゲンが述べるように、当然そんなことは示されないし、示されるはずがない。彼は次のように述べている。

> 非両立論者は、自由意志には非決定論が必要だと主張する。しかし彼らにとってさえ、どんな種類の非決定論でもよいわけではないことは明白だろう。たとえば、理性的な行為者とは遠く離れた宇宙のどこかに非決定論的な粒子がただ1つだけ存在し、宇宙のそれ以外の部分は完全に厳格な決定論的法則に支配されているとしよう。この場合、決定論は厳密にいえば偽である。だが明らかに、もし決定論が自由意志と両立しないならば、遠く隔たった1つの粒子を除くすべてが決定されている場合でも同様である。
> (van Inwagen 1983: 126)

　ここでの中心的なポイントを一般化して、(3)を成り立たせるために与えられる任意の論証に対して適用することができる。決定論は、すべての行為が先行する原因によって決定されていることを含意する。非決定論は、ひとが特定の行為に至るまでの世界の因果的な構造について何も含意しない。したがって、非決定論はすべての行為が決定されていないことを含意するわけではないし、ましてやすべての行為が運の問題であることを含意するはずもない。『マインド』論証は前提(3)をサポートしはしないのである。

この筋道の考察によって，自由意志のジレンマは自由意志についての懐疑論の最良の論証ではないかもしれないことが明らかになる．「非決定論は足しにならない」論証の方がより良い論証かもしれない．しかしこの論点にはとらわれずに，もう少し自由意志のジレンマにこだわりたい．第2章では，自由意志の問題を，より広い主題である道徳的責任の形而上学の中に位置づける．そのあとで，いくつかの議論を考察することとしたい．一部の哲学者は非両立論（3.1-3.3節）を，あるいは**道徳的責任についての非両立論**（4.1-4.2節）——ラフにいえば，道徳的責任と決定論の非両立性を主張する見解——を支持する．他方で，もっと直接的に自由意志についての懐疑論（3.4節）や道徳的責任についての懐疑論（4.3節）を論じる哲学者もいる．さらにさまざまな自由意志の理論を検討して（5章），この本を締めくくることとしよう．

文献案内

ケイン（Kane 2005）は自由意志論争の素晴らしい入門書であり，この本の立場といい具合に対照をなしている．セオドア・シック（Schick 2002）とマイケル・マッケナ（McKenna 2005）は，自由意志，運命論，そして神の予知といった論点についての入門的な議論を，『マトリックス』3部作と関連づけながら論じている．リチャード・テイラー（Taylor 1963; 1992）とマーコシアン（Markosian 2009）は，決定論や予知についていかなる前提も置くことなく，大域的な運命論を肯定する説得的な論証を提示している．神の予知の問題についてもっと知りたいなら，ノーマン・クレッツマン（Kretzmann 1966），ハスカー（Hasker 1989），ケイン（Kane 2005: 13章），ザグゼブスキ（Zagzebski 2008）を見よ．

重要で有益な論文集として，ダーク・ペレブーム（Pereboom 1997）とケイン（Kane 2002a）の2つを挙げる．より発展的な読者には，ケイン（Kane 2002b），ジョセフ・キャンベル，マイケル・オロークとデイヴィッド・シャイアー（Campbell, O'Rourke, and Shier 2004a）をおすすめする．この本で与えられる定義や論証の多くは，ヴァン・インワーゲン（van Inwagen 1983）に由来する．

1 自由意志

自由意志に関連する映画

- 『マトリックス』(Andy and Larry Wachowski, 1999)
- 『マトリックス リローデッド』(Andy and Larry Wachowski, 2003)
- 『ウェイキング・ライフ』(Richard Linklater, 2001)
- 『主人公は僕だった』(Marc Forster, 2006)
- 『恋はデジャ・ブ』(Harold Ramis, 1993)
- 『スライディング・ドア』(Peter Howitt, 1998)
- 『ラン・ローラ・ラン』(Tom Tykwer, 1998)
- 『バタフライ・エフェクト』(Eric Bress, 2004)
- 『12 モンキーズ』(Terry Gilliam, 1995)

2

道徳的責任

形而上学とは，実在の究極的な本性についての学問，つまり，実在の最も一般的な特徴についての学問のことだ．**道徳的責任の形而上学**において私たちは，道徳的責任の根源的な本性についての次のような問いを考察する．道徳的責任とは何だろうか．道徳的責任に自由意志は必要なのだろうか．もし決定論が真ならば，行為者が何かについて道徳的責任をもつことはできるのだろうか．行為者が道徳的責任をもつために，自由意志をもつ以外にどのような必要条件が成立しなければならないのだろうか．そもそも，ひとは道徳的責任をもちうるのだろうか．

この章のねらいは，自由意志という概念を，それが道徳的責任の形而上学において果たす役割を俯瞰することを通じて，よりよく理解することである．この章では次の2つの中心的な問い——道徳的責任とは何か(2.1節)，そして道徳的責任の必要条件は何か(2.2-2.3節)——を考察する．前の章で述べたように，自由意志については，他行為能力と源泉性という2つの中心的な見解がある．この章の後半で，「自由意志」という用語の単一で一義的な用法は存在しないという，「自由意志」の危機——あるいは一元論(1.2節)についての懸念——を論じる(2.4節)．「自由意志」の危機への解決策としては，自由意志とは私たち次第性についての力能であるという，私たちの暫定的な理解を提示したい．最後に自由意志なき道徳的責任の理論の可能性を考察して(2.5節)，この章を締めくくる．

2.1 道徳的責任

どのような種類のものごとについてひとは道徳的責任をもつのだろうか(van Inwagen 2004: 220)．私たちは行為を通じて直接的に世界に影響を及ぼし，行為

33

の結果を通じて間接的に世界に影響を及ぼす．行為は一種の出来事，つまり生じるものごとである．行為は出来事なので，行為の結果は行為によって引き起こされる他の出来事として理解できる．ジェイソンがスイッチをはじき，部屋が明るくなるとしよう．スイッチをはじくことがランプの点灯を引き起こし，さらにその点灯が部屋を明るくする．ドナルド・デイヴィドソン（Davidson 1963）によれば，行為の記述はアコーディオン効果をもつ．すなわち，ジェイソンは指を動かし，ジェイソンは指をはじき，ジェイソンはランプを灯し，ジェイソンは空き巣に警告を発し，ジェイソンは犯罪を妨げる．これらすべては同一の行為について適切に述べられた記述である．行為の結果を行為によって引き起こされた他の出来事だと考えると，行為と行為の結果のあいだの境界線はぼやけてしまう．そこで行為の結果を，命題のような事実，つまり成立する事態とみなすことができるかもしれない（van Inwagen 2004: 220ff.）．行為の道徳的責任について語るほうがずっと簡単なので，アコーディオン効果，および出来事から事実への移行が簡単にできることを前提して，以降では行為の責任について話を進めることとする．

　私たちが自分の行為について責任をもつとして，そもそも道徳的責任とは何だろうか．ピーター・F. ストローソン（Strawson 1962）による道徳的責任の理論に対する 2 つのありうる解釈を見てみよう（詳細はこの本の後半で論じられる（5.4 節））．1 つ目は，**構成説**という解釈である．この見解によれば，ひとが行為について道徳的責任をもつのは，そのひとが行為について，そのひとの属する道徳共同体の成員によって実際に称賛されたり非難されたりするとき，かつそのときに限る（Watson 1987b: 257; Fischer and Ravizza 1993b: 16）．「そのひとの属する道徳共同体」という句は意図的にあいまいにしてある．どの個人が共同体に含まれ，どのようにその集合が決定されるのかに応じて，構成説にはさまざまなバリエーションがある．この説の中心的なポイントは，称賛や非難といった反応的態度[1]は，道徳的責任にとって構成的であるということだ．反応的態度が道徳的責任にとって構成的であるとは，称賛や非難といった態度それ自体が，ひとの道徳的責任の有無にとって本質的であるということである．この見解によれば，もしだれも称賛されたり非難されたりしないならば，あらゆることについてだれも道徳的責任をもたないことになる．

構成説は明白な，そして決定的な批判に開かれている．というのも，ジョン・マーティン・フィッシャーとマーク・ラヴィッツァが述べるように，「責任があるとみなされることと実際に責任があることのあいだには違いがある」(Fischer and Ravizza 1993b: 18)からである．アルフレッド・ヒッチコックの映画『北北西に進路を取れ』でケイリー・グラントが演じる主人公，ロジャー・O. ソーンヒルを考えよう．彼は無実であるにもかかわらず，道徳共同体の成員の全員から殺人の咎で非難される．簡潔にいえば，ひとがある行為について非難されているからといって——それがだれの非難であれ——彼がほんとうに非難に値するとは限らない．しばしば称賛に値する行為は日の目を見ないものだし，非難に値する行為はおとがめなしに終わるものなのだ．以上のことをふまえて，私たちはストローソンの理論についての次の**標準説**を採用する——ひとが行為について道徳的責任をもつのは，その行為が称賛や非難に値するときに限る．

2.2 自由の条件と認識的条件

道徳的責任に必要な条件とは何だろうか．アリストテレスは2つの種類の条件に言及している．すなわち，自由の条件と認識的条件である (Aristotle 1985: 1ff.; cf. Fischer and Ravizza 1993b and 1998: 12ff.)．それぞれについて順に論じていこう．

道徳的責任に必要な唯一の自由の条件を探し求めるのは避けるべきだ．アルフレッド・ミーリーが述べるように，道徳的責任の必要条件の候補として有力な自由には，強いものから弱いものまでさまざまな種類があるのである．もし一元論をとるつもりなら(1.2節)，私たちは最も強い自由，すなわち道徳的責任にとって最も根源的な自由について語るべきである (Mele 2006: 27 fn. 18)．多元論者ならば，さまざまな種類の自由があり，それぞれが道徳的責任と関連していると考えることができる (Balaguer 2010)．この考えは，道徳的責任に必要な唯一の自由を探そうとする私たちの性向と対立するが，とはいっても，道徳的責任を基礎づけるという役目を果たしうる単一の自由など存在しないかもしれないのである．

すべての哲学者が「自由意志」という語で，道徳的責任にとって最も根源的な自由の条件を指示するわけではない．準両立論は，たとえある種の自由——たとえば他行為能力——が決定論と両立しないとしても，道徳的責任は決定論と両立する，という見解である．準両立論者は古典説論者でありうる．その場合，自由意志(他行為能力)は決定論と両立しないが，道徳的責任に他行為能力は必要でないので，道徳的責任は決定論と両立する，と考えることになる(Fischer 1994: 5.3節)．

ほぼすべての哲学者は，何らかの種類の自由／コントロールが道徳的責任に必要だと考えている．私たちはここで，自由意志と何か他の自由のどちらが私たちの求める唯一の種類の自由なのか，といった不毛な言葉上の論争にかかずらいたくはない(Balaguer 2010)．道徳的責任に必要な種類の自由を「自由意志」と呼ぶかどうかは断じて問題ではない．また，自由意志と道徳的責任のつながりを取り決めの問題だとするつもりもない(van Inwagen 2008)．他方で，「自由意志」という語には，常識的な理解にもとづく用法だけでなく，テクニカルで，歴史的な用法も存在する．哲学の論争において，論争の参加者が同一のことについて語っているのでなければ，そこで何が行われているのかを見てとるのは難しい．さりとて，全員がその議題が何かについて同意するとも考えがたい．これは現代の哲学者が抱える懸案事項である．

アリストテレスによる自由の条件は，行為の起源が行為者の内になければならない，というものだ．「行為の起源が行為者の内にある」とき，「それをするかどうかは彼次第である」(Aristotle 1985: 2)．ここで行為の起源が行為者の内にあるということが何を意味するのかについて気をわずらわせる必要はない．というのも，アリストテレスはそれを私たち次第性の力能と結びつけているからである．

道徳的責任についての自由の条件が適切であるためには必ず，遡及的な要素が必要となるだろう(Vargas 2005)．次の例を考えよう．

　　飲酒運転：スミスは午後7時から酒を飲みはじめ，数時間後に車に乗り，真夜中の暗い道を家まで運転する．午後11時，彼の車は制限速度を超過して走行しており，飲みすぎのために彼の視力と反応速度はかなり減退し

ている．直後の午後 11 時 1 分，彼は横断歩道を渡っていたジョーンズを
ひき殺してしまう．（Campbell 2005; cf. van Inwagen 1989: 236 and Mele 2006: 84-85)

自由意志についての古典説が正しいと仮定しよう．すると，スミスは午後 11 時 1 分には他の仕方で行為できなかったのだから，人身事故は避けられなかったのであり，それについて道徳的責任をもたないのだ，と論じられるかもしれない．だがそうはいっても，スミスは午後 7 時の時点では飲酒を控えることができたのである．飲んだ後であっても，運転を避けることはできた．あるいは運転してしまった後でも，制限速度を守ることはできた．以上のことは，次の**（遡及的な）古典的自由の条件**を支持する証拠となる――すなわち，ひとが行為について道徳的責任をもつのは，彼が他の仕方で行為することができる／できたときに限る，という条件である．これと関連して，（遡及的な）源泉的自由の条件もある（cf. Kane 1996)．上述の考察と組み合わせると，**（遡及的な）自由の条件**が得られる．すなわち，ひとが行為について道徳的責任をもつのは，その行為が彼次第である／彼次第であったときに限る，という条件である．

　自由の条件に加えて，たいていの哲学者は，アリストテレスに同調して道徳的責任には認識的条件があると考える．以下に示すのが**第 1 次近似の認識的条件**である．

- ひとが行為について道徳的責任をもつのは，その行為の詳細についての知識をもっているときに限る．

この原理によれば，行為者はたとえば次のことを知っているべきである――自分が行為をしていること，自分が何をしているか，自分がそれをする目的，それをする方法，自分が使っている道具，などなど．これらはアリストテレスの挙げる具体例のほんの一部にすぎない．こういった種類の知識についての無知は一般に，減責事由，つまり行為者が称賛や非難に値する度合いを下げる理由となる．ゲイリーの座る椅子が，じつは，他の建物に据えつけられた爆弾の起爆装置となっているとしよう．彼にしてみれば，その椅子が起爆装置であるこ

となど思いもよらないし，実際に知るよしもない．それでも，彼が椅子に座ることで，無実のひとびとが死んでしまうのである．ゲイリーは彼らの死に道徳的責任をもたないように思われる．というのも彼には，椅子に座ることで爆発が起きるのではないかと疑う理由がまったくないからである．たしかに彼には，この出来事についての因果的責任はあるだろう．だが因果的責任は，道徳的責任の十分条件ではない．この事例をふまえれば，道徳的責任の認識的条件は必須のものである．しかし採用すべきはどのような(種類の)条件だろうか．

　第1次近似には欠陥がある．それは，行為の詳細についての真の知識は，道徳的責任に必要ではないという点である(Ginet 2000: 269)．ゲイリーが，目の前の椅子に座ると建物が爆破するという企みを立ち聞きしたとしよう．このとき彼は，その椅子は起爆装置であるからもし座れば建物が爆破されるだろう，と信じているし，そう信じるべき良い理由がある．しかしゲイリーは認識論的な懐疑論者である．彼は，自分は何ごとも知らないので，椅子に座ったことについて道徳的責任をもたない，と弁解する．もしこの議論が正しいなら，それを一般化することができるだろう．

　ゲイリーは知識を欠いているが，それでも椅子に座ったことに対して道徳的責任をもちうる．道徳的責任は真の知識ではなく，合理的な信念を要求するのである．したがって道徳的責任についての認識的原理は，行為者が無知でないという観点から表現するのがよい．すると**第2次近似**の認識的条件が得られる．

- ひとが行為について道徳的責任をもつのは，その行為の詳細について無知でないときに限る(Aristotle 1985: 3-4)．

これは道徳的責任の認識的条件として正しい原理だろうか．

　道徳的責任に真の知識が必要でないなら，それは結構なことだ．もし知識が必要とされるとすると，認識論的な懐疑論——あらゆることについてだれも知識をもたないという見解——によって道徳的責任は損なわれることになる．これは支払うには大きすぎる代償である．知識についての懐疑論に対する簡単な応答があるだろうか．私たちには何かを知っているという確信があるだろうか．ソクラテスは有名にも，ひとはあらゆることについて非難に値しないのだと論

じた．悪い行為はもっぱら無知から，とりわけ善への無知からなされる．泥棒
は，友人に対して盗みをはたらくことでみずからの利益になると信じている．
もし友情はお金よりも大事なのだと知っていたなら，彼は他の仕方で行為して
いただろう．

　ソクラテスの議論の特筆すべき点は，行為の詳細についての知識にまったく
言及することなく，認識論的な懐疑論から道徳的責任についての懐疑論へと論
を進めることにある．道徳的な意思決定には，複雑な認知能力や基本的な道徳
原理への理解が必要である．もしだれも道徳原理についての知識をもっていな
いことが判明したならば，おそらく道徳的責任についての懐疑論も正しいこと
になるだろう (Rosen 2004)．

　とはいえ，私たちが採用するアリストテレスの認識的条件と，ソクラテス的
な条件のあいだには違いがある．後者の原理は道徳原理についての無知にかか
わるが，前者の原理は行為の詳細——自分がそれをしたのかどうか，自分が何
をしたか，何の目的でしたか，だれに対して行為したか——についての無知に
かかわる．ひとは，道徳原理の知識をもたずとも，行為の詳細についての合理
的な信念をもちうる．上記の懐疑的議論は興味深いが，アリストテレスが提起
した種類の認識的原理とは無関係である．

　マイケル・J. ツィマーマンは次の**認識的遡及原理**を説得的に論じた．「ひと
が無知からふるまったことについて過失があるのは，そのひとが無知であるこ
とについて過失があるときに限る」(Zimmerman 1997: 423)．学生が試験で落第
したことに対する非難から逃れるために，知らなかったのだと抗弁することは
できない．教科書を学ぶのは学生の責任だからである．同様に，法律に対する
無知もつねに言い訳になるわけではない．たいていの場合，私たちには法律を
知る義務があるからである．これと上記の結果を合わせると，次の**（遡及的な）
認識的条件**が得られる——ひとが行為について道徳的責任をもつのは，その行
為の詳細について無知ではない／なかった，あるいは，自身の無知について過
失がある／あったときに限る．

2.3 他の必要条件

これまで，道徳的責任に必要な自由の条件や認識的条件について述べてきた．一部の哲学者にとっては，道徳的責任の形而上学はこれにて一件落着だろう．だが本節では，それ以外の道徳的責任の必要条件について論じたい．その中には異論の余地のあるものもあるが，他の理論では必ずしも明記されないものの，一般に同意を得られるものもある．それらを論じるさい，それらの正当性に疑問を呈することはしない．実際，私たちはそのいくつかを，常識的であり論証による支えは不要な原理だとみなしている．だがこれは別のところで論じる話題である（5.4節）．

はじめに，道徳的責任の**道徳的条件**を考えよう．すなわち，ひとが行為について道徳的責任をもつのは，その行為が道徳的に正しい／正しかったか，道徳的にまちがっている／まちがっていたときに限る，という条件である．もし盗みが誤ったことでないなら，どうして私は盗みについて非難に値すると言えるのだろうか．この条件は道徳的責任に対する外在的な制約だが，それは知識に対する真理の制約と類比的である．すなわち，ひとがある命題を真であると知っているのは，それが真であるときに限る，という制約である．道徳的責任の形而上学の論争において道徳的条件の正しさを疑うひとはいない．以上の考察が道徳的責任の説明に組み込まれることもある（Campbell 2005）．

不作為のケースは，より一般的な規則を提供するさいの制約となる．**作為**のケースでは，ひとは行為を作為する／遂行する．**不作為**のケースでは，ひとがある出来事の生起を防ぐことを怠るために，その出来事が生じる．子供が死んでしまったのは，サリーが助けることを怠ったからだ——サリーは競泳のチャンピオンであるにもかかわらず，その痛ましい出来事が進行するのを見ながらプールサイドをぶらついていたのである．

次の可能行為の原理（PPA）[2]の助けを借りて，不作為のケースでの道徳的責任に制約を与えることができるかもしれない．それは，「ひとが行為を遂行しなかったことについて道徳的責任をもつのは，その行為を遂行することができたときに限る」（van Inwagen 1978）という条件である．ヴァン・インワーゲンが

40

挙げるのは次のような事例だ．あるひとが他のひとの命を助けるために警察に通報することを怠った．だが，じつは電話線は切れていて，彼女はいずれにせよ通報できなかった．PPAによれば，このひとは警察に通報しなかったことについて非難に値しない．というのも，彼女は通報することができなかったからである．

対応する次の作為の条件——他行為可能性原理(PAP)[3]——はかなり異論の余地がある．「ひとが行為について道徳的責任をもつのは，他の仕方で行為することができたときに限る」(Frankfurt 1969)．PAPは自由意志の古典説の支持者には受け入れられるが，源泉説論者には棄却される．これは(遡及的な)古典的自由の条件のバリエーションであるということに注意しよう．この論争については次節(2.4節)でよりくわしく論じる．PAPには異論の余地があることをふまえて，ヴァン・インワーゲンは代わりに別の原理を提案する(van Inwagen 1978; 2004)．フランクファート事例[4]の支持者はヴァン・インワーゲンの新しい原理も退けるということは注目に値する．というのも彼らによれば，その原理も同様に反例に服するか，さもなければ「道徳的責任と自由意志の関係と無関係な」(Frankfurt 1982: 294)ものだからである．

上に述べた原理の多くは，道徳的責任の**行為者性と連続性の条件**という他の条件を含意する．たとえばPAPにおける「彼」という代名詞は次のことを示唆する——責任があるとされるひとは，他の仕方で行為できたひとと同一人物である．同様に，私たちが非難したり罰したりするひとは，道徳的にまちがった行為をしたひとと同一人物であると考えられるだろう．一部の哲学者は，このようなひとの同一性についての文字通りの真理に異議を唱えるので，おそらくこれを同一性の条件ではなく，連続性の条件として理解するのが一番良いかもしれない[†10]．少なくとも，他の仕方で行為できたひとと行為を遂行したひとのあいだには，あるいは道徳的に悪い行為をしたひととそれについて非難に値するひとのあいだには，連続性が存在するはずである．

永久主義と四次元主義についての前章の議論を思いだそう(1.3節)．永久主義は，過去や未来の対象は現在の対象と同様に存在する，と主張する．この見解のもとでは，ひとを四次元的な時空ワームとみなすのが自然である．ひとはみな，その誕生から死までのあいだに延べ広がった四次元的な存在である．す

41

ると次のように論じられるかもしれない.「私は強盗をしていません. 強盗をしたのは時空ワームの三次元的な時間切片です. 私も同じ時空ワームの三次元的な時間切片なので, たしかに私たち2人は同一に見えます——私たちが**質的な等しさ**をもっているという意味で. ですが, 私たちは**数的に同一**ではないのです. したがって, 私は強盗をはたらいた者ではありません」(Conee and Sider 2005: 1章).

ひとの同一性についての懸念をあまり気にする必要はない. デレク・パーフィット (Parfit 1971) によれば, 同一性は重要なものではない. 重要なのは心理的連続性——つまりひとが同一の記憶, 性格的特徴などをもっていること——である. パーフィットの見解は, ジョン・ロック (Locke 1690) による心理的連続性説とは区別される. ロックによれば, ひとが数的に同一であるのは, 同一の「記憶, 性格的特徴など」(Conee and Sider 2005: 15) をもっているとき, かつそのときに限る. ある意味, パーフィットはひとの同一性についての議論を与えてはいない. ひとの同一性は心理的連続性とは異なるが, 重要なのはひとの同一性ではなく心理的連続性である, と彼は主張するのである.

心理的連続性でなく, 単なる連続性のみを要求すれば, 道徳的責任の条件はさらに緩くなる. 時空説をとることで, この条件を満たすことができるかもしれない. **時空説**によれば,「ひとが数的に同一であるのは, 一連のひとを通じて時空的に連続しているとき, かつそのときに限る」(Conee and Sider 2005: 13). 時空的連続性は, ひとを物理的存在として記述する方法の1つである. 何らかの種類の連続性はひとの同一性にとって本質的だろうが, それが心理的連続性なのか時空的連続性なのかについては, この本では未決のままにしておこう.

道徳的責任の行為者性と連続性の条件は文字通り, 連続性の条件だけでなく行為者性の条件も含む. たとえ PAP が偽であり, 他行為能力は道徳的責任に必要でないとしても, 作為のケースでは, 何かについて称賛や非難に値するために私たちは何かをしたのでなければならない. 道徳的責任は行為者性を必要とするのだ. たとえば, もしゲイリーが銀行強盗について非難に値するのなら, 彼は銀行強盗をしたか, それを計画したか, あるいは彼がしたことが何らかの仕方で銀行強盗と結びついていたのでなければならない. 彼が非難に値するためには, 彼がある悪い行為を遂行したということが必要なのである.

最後に，**能力条件**というものがある．それはたとえば，行為者が自分の行為に道徳的責任をもつのは，彼が一定の認知能力をもっているときに限る，といった条件である．私の息子のレイクが2歳のときには，彼は行為について非難に値しなかった．だが11歳のレイクは非難に値する．この違いを説明するものは何だろうか．2歳のレイクは行為を遂行したが，彼が行為に対してもつコントロールは，11歳のレイクがいまもっているよりも少ない．2歳のレイクは，道徳的に責任ある行為者に必要とされる種類のコントロールをもたないように思われる．自由とコントロールに関する2歳のレイクと11歳のレイクの違いのいくつかは，上で論じた自由の条件に属するものかもしれない．しかし当時のレイクといまのレイクの違いの大部分は，単純に彼の認知能力の向上によるものである．このことの多くは，たとえばレイクの前頭葉は当時よりも十全に発達している，といった仕方で簡単に説明できる．

前頭葉の発達は，R. ジェイ・ウォレスが「反省的自己コントロール」の力能と呼ぶものにそのまま対応する(Wallace 1994: 2)．この力能には，「道徳的理由を把握し，適用する力能や，そうした理由に照らして行動をコントロールする力能」(前掲：7)だけでなく，「自身の欲求から一歩退く力能や，道徳原理に照らして自身が追求したいと思う目的について反省する力能や，そうした反省を経て自身の目的を修正したり改訂したりする力能」(前掲：14)も含まれる．ウォレスによれば，これらの力能は技能である．それは「言葉を話したり，楽譜を読んだり，読んだ楽譜を楽器の演奏によって再現したりといった一般的能力と同様の，いわば広義の心理的な適性あるいは能力である」(前掲：186)．

前章で(1.2節)，自由意志を他行為能力といった単一の根源的な力能と同一視する**根源主義者**と，自由意志は力能の集まりであると考える非根源主義者のあいだの論争について言及した．上記の考察をふまえれば，自由意志は反省的自己コントロールや「実践的推論」(Vihvelin 2004)といった力能の集まりだと考えたくなるかもしれない．するといくつかの疑問が浮かび上がる．これらの力能の集まりは，ウォレスが示唆するような技能なのだろうか．また関連する問いだが，これらは傾向的な力能なのだろうか．

傾向性主義によれば，自由意志は力能の集まりであるだけでなく，傾向的な力能でもある[5]．傾向性主義者が，当該の力能は技能であるというウォレスの

見解に賛同するかどうかは微妙である．たとえあるひとが喉頭炎にかかっており，話す力能／能力を失っているとしても，彼はフランス語を話す技能を保持しているかもしれない[†11]．傾向性の保持は決定論と整合するので，傾向性主義は自由意志の古典-両立論の興味深い理論を提供する（Vihvelin 2004; 5.3 節を見よ）．

だれもが傾向性主義に納得するわけではない．たとえばヴァン・インワーゲンは，傾向性主義に対して次のような批判を提示している．

> 因果的力能や能力という概念は，環境のある確定的な変化に対してある確定的な仕方で反応する一定の傾向性という概念であるように思われる．他方，行為者の行為する力能という概念は，傾向的／反応的な傾向性としての力能ではなく，むしろ環境の変化を創始する力能という概念であるように思われる．（van Inwagen 1983: 11）

ヴァン・インワーゲンは，行為する力能は傾向的な力能ではありえないと示唆する．それは能動的な力能なのであって，単なる受動的なものではないのだ．

傾向性主義に対するヴァン・インワーゲンの批判は説得的である．だが，いくつかの異なる見解が言及に値する．第 1 に，自由意志は根源的な能動的力能であり，その力能には他の仕方で行為する力能が含まれると考えるひとがいるかもしれない．言い換えれば，ひとは後者の力能をもたずして前者の力能をもつことはありえない，という見解である．これは**古典-根源主義的見解**である．さらに**古典-非根源主義的見解**もある．自由意志とは能動的力能と認知能力の集まりであるかもしれない（Campbell 1997）．おそらく能動的力能も単に複合的な傾向的力能なのかもしれない．ヴァン・インワーゲンはこれを否定したいだろうが，彼は単に論点先取を犯しているのではないだろうか．この論点について，私はじつに当惑している．私の中の 1 人の私は非根源主義者であり，自由意志を傾向的力能の集まりとみなす自然主義的理論を支持する．だが私の中のもう 1 人の私は，より根源主義的な自由——それは傾向的分析にとっては豊かにすぎる——を好んで非根源主義を棄却するのである．

以下に示すのが，本節で考察した中でも特に重要な道徳的責任の条件の一覧

だ．次の 2 つのタイプの条件は比較的無難なものである．

- **行為者性と連続性の条件**
- **能力条件**

くわえて，次のものはより詳細な原理である．

- **道徳的条件**：ひとが行為について道徳的責任をもつのは，その行為が道徳的に正しい／正しかったか，道徳的にまちがっている／まちがっていたときに限る．
- **(遡及的な)自由の条件**：ひとが行為について道徳的責任をもつのは，その行為が彼次第である／彼次第であったときに限る．
- **(遡及的な)認識的条件**：ひとが行為について道徳的責任をもつのは，その行為の詳細について無知ではない／なかった，あるいは，自身の無知について過失がある／あったときに限る．

最後に，次の 2 つの必要条件は，異論の余地があるものの，言及に値する．

- **PAP**：「ひとが行為について道徳的責任をもつのは，他の仕方で行為することができたときに限る」(Frankfurt 1969)．
- **PPA**：「ひとが行為を遂行しなかったことについて道徳的責任をもつのは，その行為を遂行することができたときに限る」(van Inwagen 1978)．

次節で，この論争をめぐる危機が論じられる(2.4 節)．

　PAP についてどう考えるべきだろうか．真だろうか，それとも偽だろうか．PAP についての異論の余地のない自然な解釈も存在する．ヴァン・インワーゲンでさえ，反省的自己コントロールの力能といった認知的力能を，道徳的責任に必要であると認めることができる．また，認知能力は傾向的だと付け加えることも無害だろう．さらに，傾向的な主張を条件文と結びつけることも珍しいことではない．もちろん，傾向性の単純な条件文分析はうまくいかない

45

(Fara 2009). それでも,次の主張はけっして的外れではないだろう. すなわち,もしひとが行為について道徳的責任をもつならば,そのひとは他の仕方で行為する傾向性をもっている／もっていた――行為者の当該の認知能力をふまえれば,異なった状況と相対的に他の仕方で行為できた,という弱い意味において. PAP のいくつかの解釈は正しい (cf. Campbell 1997; 2005). もしかしたらその解釈で言及される他行為能力は,問題となるに足るほど「頑健な」ものではないかもしれない. しかし,それは単に文言が示唆するよりも,より PAP に踏み込んだ解釈である.

2.4 「自由意志」の危機

「自由意志」の危機は,**トリレンマ**として理解するのが最も良い. つまり,次の3つの主張のそれぞれは真にみえるが,それらを合わせると不整合をきたすように思われる.

1. 自由意志は道徳的責任に必要である.
2. 他行為能力は自由意志に必要である.
3. 他行為能力は道徳的責任に必要ではない.

主張(1)は,哲学者たちは一般にある種の自由が道徳的責任に必要であると考えていることから支持される. (1)は定義によって真であるとまで言いたくはないが,これを受け入れるべきいくつかの理由はすでに考察してきた. 主張(2)は古典テーゼである.

主張(3)は PAP の否定である. (1)と(2)の両方を受け入れるひとは,次のような論証を提出することで,いつでも(3)を棄却することができる.

- ひとが行為について道徳的責任をもつのは,彼がそれを自由にしたときに限る.
- ひとが行為を自由に遂行するのは,彼が他の仕方で行為できたときに限る.

- したがって，PAP は真である——ひとが行為について道徳的責任をもつのは，他の仕方で行為できたときに限る．

道徳的責任の古典説は，自由意志の古典説と PAP をともに受け入れる．自由意志の古典説は，ひとが自由意志をもつのは他の仕方で行為できる／できたときに限る，という見解であることを思いだそう．PAP は，道徳的責任には他行為能力が必要だという主張である．

PAP を支持する上記の論証は，ハリー・フランクファートが PAP に対する反例とされる事例〔フランクファート事例と呼ばれる〕を考案した 1969 年以前には，ほとんどの哲学者にとって説得的なものだった．

> あるひと——ブラックとしよう——がジョーンズにある特定の行為を遂行してもらいたいとする．ブラックは自分の思い通りにするためなら相当なことをやってのける用意があるが，不必要に自分の手の内を明かすことは避けたい．したがって彼は，ジョーンズが何をすべきか心を決めようとするそのときまで待つことにした．そしてジョーンズが決心しようとすることが，ブラックが彼にしてもらいたいこと以外のことだとブラックに明らかにならない限りで（ブラックはそうしたことに関する卓越した判定者だ），ブラックは何もしない．もしジョーンズが何か別のことをしようとしていることが判明したら，ブラックは効果的な手段を用いて，彼がジョーンズにさせたいことをジョーンズが決断し実行することを確実にする．すると，ジョーンズのもともとの選好や傾向が何であれ，ブラックは自分の思い通りに計画を実現させるであろう．(Frankfurt 1969: 162)[†12]

ブラックはジョーンズに銀行強盗をしてもらいたいとしよう．ブラックはジョーンズの脳内にある装置を埋め込む——何らかの「引き金となる出来事」や「徴候」が生じると，その装置が作動して，ジョーンズに強制的に銀行強盗をさせるというものである．さらに，その行為はジョーンズ次第であった——その装置は実際には何の役割も果たさなかった——ので，ジョーンズは銀行強盗をしたことについて道徳的責任をもつとしよう．しかしこの装置をふまえると，

ジョーンズは他の仕方で行為することはできなかった．したがって，(3)は真でありPAPは偽である．以上がフランクファートの議論のあらすじだ．

フランクファート事例は「自由意志」の危機を生じさせる．私たちにはすでに(1)と(2)を受け入れるべき説得的な理由があり，フランクファート事例は(3)を受け入れるべき理由を提供する．「自由意志」の危機は，自由意志の問題とはまったく異なることに注意しよう．「自由意志」の危機とは，「自由意志」の意味についての危機であり，自由意志の力能についての危機ではない．その危機とは，フランクファート事例をふまえると，「自由意志」の意味について一般的な合意がないというものである．これまでに見たように，一部の哲学者は自由意志を源泉性と同一視するが，自由意志とは他行為能力だと考えるひともいる．自由意志は道徳的責任に必要であると考えるひともいれば，その考えに反対するひともいる．「自由意志」という用語を完全に避けて，道徳的責任に関する自由の条件の確立に焦点を定めるひともいる．私たちのあいだに妥協点はあるだろうか．自由意志の一元論者も自由の多元論者も満足するようなものはあるだろうか．根源主義者も非根源主義者も同意しうるような核心のアイデアはあるだろうか．自由意志に関する私たちの暫定的な見解がまさに，その妥協点である．

自由意志とは力能である．それが単一の，根源的な力能なのか，それとも力能の集まりなのかについては異論があるが，それが選択や行為に関連する力能であるということは，あまねく同意を得ている．すべての論者は，行為が自由であるのはそれが行為者次第である／あったとき，かつそのときに限る，ということを認めるべきだ．これは古典説論者とも源泉説論者とも対立しない．他行為能力が道徳的責任にとって本質的であるかどうかについての論争があることは疑いの余地がない．この論争は古典テーゼ——行為が行為者次第であるのは彼が他の仕方で行為できる／できたときに限る，というテーゼ——をめぐる論争へと帰着する(1.2節)．古典テーゼを棄却する源泉説論者は，「自由意志」の危機の主張(2)を拒否する．古典テーゼを受け入れる古典説論者は「自由意志」の危機の主張(3)を拒否する．だがどちらも，自由意志が私たち次第性であるということを否定するべきではないのである．

2.5 自由意志なき道徳的責任

　自由意志の肯定派がどのように議論を組もうとも，だれかがそれに反論するものだ．同様に，自由意志についての懐疑論者，つまり自由意志の否定派も，つねに存在するものだ．最終的にはこのことは問題にならないかもしれない．もし私たちの自由意志への関心が道徳的責任への関心に由来しているのならば，私たちは自由意志なしでもやっていけるかもしれない．ひとが行為について称賛や非難に値するために必要なものは何だろうか．自由の条件を省くとしよう．それでも次のことが道徳的責任に必要であろう．

- 行為者が行為を遂行する．
- その行為は道徳的に正しいか道徳的にまちがっている．
- 行為者は行為の詳細について無知ではない．
- 行為者は関連する認知能力と能動的力能をもっている．

道徳的責任の物語は，自由意志についてまったく言及せずとも語ることができるのである．

　他方で，自由意志を単に道徳的責任に関連する力能の集まりであると考えることもできる．それは力能の集まりかもしれないし，根源的な力能——他行為能力や行為する力能といったもの——かもしれない．これらは上記の諸条件の背後に潜んでいる．ケイン（Kane 1996; Fischer, Kane, Pereboom, and Vargas 2007）でさえ，遡及原理の形式での他行為能力は，究極的な源泉性に必要だと述べる．ここでも，まさに自由意志が私たち次第性を要請するために，他行為能力は本質的なのだ，と主張する余地は古典説論者に開かれている．というのも彼らによれば，私たち次第性は，今度は他行為能力を要請するからである．

　　文献案内

　ヴァン・インワーゲン（van Inwagen 1983）は古典–非両立論者である．古典–

両立論の説得的な議論については，キース・レーラー（Lehrer 1990）とカドリ・ヴィヴェリン（Vihvelin 2004）を参照のこと．源泉–両立論[6]の中でも興味深いものとして，フランクファート（Frankfurt 1988），フィッシャー（Fischer 1994），フィッシャーとラヴィッツァ（Fischer and Ravizza 1998）を見よ．ペレブーム（Pereboom 2001）は，一読する価値のある源泉–非両立論者である．

　本章で論じられた論文の多くは，フィッシャー（Fischer 1986a），およびフィッシャーとラヴィッツァ（Fischer and Ravizza 1993a）に収められている．これらの論文集の序論——フィッシャー（Fischer 1986b），およびフィッシャーとラヴィッツァ（Fischer and Ravizza 1993b）——も一読の価値がある．フランクファート（Frankfurt 1969）の事例をめぐる論争は膨大だが，フィッシャー（Fischer 1999）とペレブーム（Pereboom 2000）——ともにケイン（Kane 2002a）にその一部が再掲されている——は現代の論争の素晴らしい概観を与えている．「自由意志」の危機への多元主義的な応答については，マーク・バラガー（Balaguer 2010）を見よ．

道徳的責任に関連する映画

- 『M』（Fritz Lang, 1931）
- 『北北西に進路を取れ』（Alfred Hitchcock, 1959）
- 『メメント』（Christopher Nolan, 2000）
- 『マイノリティ・リポート』（Steven Spielberg, 2002）
- 『時計じかけのオレンジ』（Stanley Kubrick, 1971）
- 『ウディ・アレンの重罪と軽罪』（Woody Allen, 1989）
- *Mother Night*（Keith Gordon, 1996）
- 『ブレスレス』（Jean-Luc Godard, 1960）
- 『めまい』（Alfred Hitchcock, 1958）
- 『ロスト・ハイウェイ』（David Lynch, 1997

3

自由意志の問題

　前の章では，道徳的責任のいくつかの必要条件を考察した．そして自由意志についての暫定的な理解をふまえたうえで，自由意志は道徳的責任の必要条件の１つであると結論した．この章では，自由意志についての懐疑論，およびそれと関連するいくつかの主張を支持する論証を考察する．次の章ではそれと類似した，道徳的責任に関する論証を考察する．

　自由意志のジレンマは，自由意志についての懐疑論を支持する論証によって最もよく理解される．これが先に述べた**自由意志のジレンマ**である（1.5節）．

1. もし決定論が真ならば，だれも自由意志をもたない．
2. もし非決定論が真ならば，だれも自由意志をもたない．
3. したがって，だれも自由意志をもたない．

はじめに，自由意志のジレンマの第１の角である，前提(1)を支持する議論を考察する（3.1-3.2節）．とりわけ，帰結論証の２つの形式的なバージョンを検討する．つぎに，ジレンマの第２の角である，前提(2)を支持する議論——運の問題に由来する議論——を検討する（3.3節）．最後に，自由意志のジレンマの中でも，最も強力で現代的な議論を考察する（3.4節）．

3.1　第１論証

　帰結論証は，非両立論——つまり自由意志テーゼは決定論テーゼと整合しないという主張——を支持する論証である．

　もし決定論が真ならば，私たちの行為は自然法則と遠い過去の出来事から

の帰結である．しかし，私たちが生まれる前に生じたことは私たち次第ではないし，自然法則が何であるかも私たち次第ではない．したがって，これらの帰結は（私たちの現在の行為も含めて）私たち次第ではない．（van Inwagen 1983: 16）

この論証は私たち次第性によって特徴づけられていることに注意しよう．とはいえ，この種の論証はたいてい自由意志の古典説を前提している．この本でも，帰結論証は古典説を前提しているという解釈を採用する．

ヴァン・インワーゲンは形式の異なる３つの帰結論証を提示している（van Inwagen 1983: 3 章）．彼によれば，「論証の個別化の原理はまったく明らかではなく」（前掲：56），「もし３つの論証すべてに共通する根本的な誤りが存在するとしたら，その誤りは３つの論証のどれかできっと露呈してしまうことだろう——たとえ他の論証の中ではうまくごまかせたとしても」（前掲：57）．これらの論証を，上で非形式的に述べた同一の論証——帰結論証——の異なる３つの形式であるとみなすことにしよう．

この節と次の節で，２つの形式の帰結論証を検討する——すなわち，第１論証（あるいは主論証）（van Inwagen 1975; 1983: 68-78）[13]，そして第３論証である（van Inwagen 1983: 93-104; 1989: 404-405; 2000）．まずは第１論証について，ヴァン・インワーゲンが挙げる次の事例を考えよう．

ある裁判官がいた．彼はある時点 T に右手を挙げさえすれば，ある被告人への死刑宣告の執行を妨げることができた——裁判の世界の慣例では，手を挙げることは特別な慈悲を与えることのしるしなのだ．さらに，その裁判官——「J」と呼ぼう——は時点 T に手を挙げることを控えたため，結果的に被告人は死刑に処せられたとしよう．くわえて次のように考えてもよい——その裁判官は縛られても，怪我をしても，麻痺してもいなかった．彼は冷静で，合理的で，適切な一定時間の熟慮を経て，時点 T に手を挙げないことを決断したのである．さらに彼は被告人の死刑宣告に関する決断に影響を及ぼす，どのような「抑圧」にも服していなかった．彼は麻薬や催眠といったものの影響を受けてはいなかった．そして最後に，彼

の熟慮には，異常心理学の学生であれば特別な興味をもつような要素は何もなかった．(van Inwagen 1975: 190-191)．

上記の設定と決定論の前提のもとでヴァン・インワーゲンは，裁判官 J が時点 T に手を挙げることはできなかった――他の仕方で行為できなかった――ことを示そうとする．

「J」は裁判官を，「T」は彼が手を挙げるはずであった時点を，「T_0」は J が生まれる前の時点を，「P_0」は T_0 における世界の状態を表現する命題を，「P」は T における世界の状態を表現する命題を，そして「L」は自然法則の連言を，それぞれ指示するものとしよう．すると第 1 論証は次のようになる．

1. もし決定論が真ならば，P_0 と L の連言は P を含意する．
2. もし J が T に手を挙げていたら，P は偽になっていただろう．
3. もし(2)が真ならば，もし J が T に手を挙げることができたなら，J は P を偽にすることができた．
4. もし J が P を偽にすることができ，P_0 と L の連言が P を含意するならば，J は P_0 と L の連言を偽にすることができた．
5. もし J が P_0 と L の連言を偽にすることができたなら，J は L を偽にすることができた[1]．
6. J は L を偽にすることができなかった．
7. もし決定論が真ならば，J は T に手を挙げることができなかった．
   (van Inwagen 1975: 191)

この論証にはいくつかの興味深い応答がある．

1 つのアプローチは，自然法則についてのヒューム主義としても知られる，(自然)**法則についての弱い見解**を採用するものだ(Beebee and Mele 2002; Perry 2004)．法則についての弱い見解によれば，法則が真であるのは，生じる出来事によってである．つまり，ものごとがほんの少し異なって生じていれば，法則も異なっていただろう，という見解である．これと対照的なのが**法則についての強い見解**である．この見解によれば，「法則の真理は生じる出来事以外の

何かによって確立される．出来事が法則に合致するのは，それが法則であるがゆえであり」(Perry 2004: 237)，逆は成り立たない．弱い見解の支持者は第1論証の前提(6)を棄却する．法則が実際のありかたであるのは，部分的には，私たちが実際に何かをすることによってである．もし私が他の仕方で行為していたなら，法則も異なっていただろう (cf. Westphal 2003)．法則についての弱い見解をふまえると，単に何か他のことをするだけで，私は法則を変えることができたことになる．したがって，法則は私の他行為能力への制約にならないのである．

　デイヴィッド・ヒューム (Hume 1975) とルイス (Lewis 1986: ix) はともに法則についての弱い見解を採用するが，この2人は帰結論証を棄却して両立論を擁護するための，法則についての弱い見解よりも説得的な理由を提供している．ヒュームの見解はこの本では論じないが，類似する見解としてピーター・F. ストローソンのものがある (5.4節)．ルイスによれば，「～にする」という語は多義的である．先述の「(真や偽)にすること」のケースを思いだそう．私は手を挙げることができ，それによって私の手が挙がるということを真にする．また，私は手を下げることができ，それによって私の手が挙がるということを偽にする．ルイスによれば，私が**強い意味で命題を偽**にすることができるのは，私の行為やその結果によってその命題が偽にされるようなことを，私がすることができるときである．他方，私が**弱い意味で命題を偽**にすることができるのは，「もしその行為をしたらその命題が偽にされるであろう行為(それは必ずしも私の行為や行為が引き起こす出来事によってである必要はない)を，私がすることができるときである」(前掲：120)[2]．「～にする」の弱い意味をふまえれば——これはルイスが好む方の解釈である——前提(6)は否定されるべきである．他方，「～にする」の強い意味をふまえれば，前提(5)が否定されるべきである (前掲：120)．いずれにせよ，第1論証は正しくない．この応答の美点は，自然法則についてのヒューム主義をとることなく，前提(6)を否定できることである．

　キース・レーラー (Lehrer 1980) は，第1論証に対してこれと関連する応答を提供している．彼によれば，「もし S が t に A をしたならば(ここで S はひと，A は行為，t は時点である)，とうぜん，自然法則が異なっていたか，宇宙の

54

状態が異なっていたかのいずれかであろう．しかしこのことは，そのひとがこれらの条件をもたらすことができたと言っているのではない」(Lehrer 1980: 199)．レーラーとルイスの応答は，決定論が真ならば，ひとの行為は法則や過去の出来事からの帰結であるということを認める．だがそれでも，他行為能力は，法則や過去を強い意味で偽にするというさらなる能力を要請するわけではない．他行為能力が要請するのは単に，それらを弱い意味で偽にする能力だけなのである．

　ペリー(Perry 2004)は異なるアプローチをとる．ペリーは能力についての2つの異なる理論を対比する．まず，**能力の非両立論的な見解**を考えよう．その見解は以下の引用にうまく表現されている．

- …自由とは，所与の過去に付け加える自由である(Ginet 1990: 102-103)．
- …行為者が X をすることができるのは，法則を固定したときに，彼の行為 X が現実の過去からの延長になりうるときに限る(Fischer 1994: 88)．
- …私たちの自由は，自然法則に合致して行為しつつ，現実の過去に付け加える自由でしかありえないように思われる(van Inwagen 2000: 167)．

もし決定論が真ならば，「法則を固定したときの現実の過去からの延長」は1つしかありえない．能力の非両立論的見解をふまえると，決定論が自由意志についての懐疑論を含意するとしても不思議ではないように思われる．

　ペリーは強い能力理論と弱い能力理論とを区別する．**強い能力理論**は次の原理を支持する．

- もし x が A を t に遂行することができるならば，t より前のどの時点においても，x が A を t に遂行するかどうかは定まっていない(Perry 2004: 241)．

弱い能力理論は上記の原理を棄却する．ある命題が**定まる**のは，その命題が，過去についての何らかの命題の集合と自然法則とによって含意されるとき，か

55

つそのときに限る．決定論をふまえれば，未来についてのすべての命題は定まってしまう．能力についての非両立論的見解は，強い能力理論である．ペリーは弱い能力理論を採用し，第1論証の前提(4)を否定する(前掲：241ff.)．

ヴァン・インワーゲンによれば，命題(4)――もしJがPを偽にすることができ，P_0とLの連言がPを含意するならば，JはP₀とLの連言を偽にすることができた――は，次のより一般的な原理によってサポートされる．

(S)　もしSがRを偽にすることができ，かつQがRを含意するならば，SはQを偽にすることができる(van Inwagen 1975: 192)．

原理(S)は直観的にはある程度もっともらしいが，ペリー(Perry 2004: 247)は，この原理には反例があるので妥当でないことを示した．以下に示すのはペリーによる反例を少し修正したものである．Rを，〈tにジョーは手を挙げる〉という命題としよう(tはある未来の時点)．つぎにQを次の連言としよう――〈tにジョーは手を挙げる，かつ，1950年にジョーの母親はクッキーを食べた〉．QはRを連言肢として含んでいることに注意しよう．よって，QはRを含意する．さらに，1950年にジョーの母親はクッキーを食べなかったと仮定しよう．おそらくジョーはtに手を挙げないことで，Rを偽にすることができるだろう．しかしQはRを含意するが，ジョーはQを偽にすることができない．なぜなら，Qは彼の母親によってすでに1950年の時点で偽にされていたからである．

　第1論証は妥当でない推論規則(S)を用いているので，論証は正しくない．新しい，改良版の推論規則によって論証を改良できるかもしれない．しかしその可能性を考察する必要はない――私たちには第3論証という，帰結論証のより良いバージョンがあるからだ(van Inwagen 1983: 93-104; 1989; 2000)．

3.2　第3論証

　第3論証において，ヴァン・インワーゲンはN演算子を導入する．ここで「Np」は，「pは真であり，かつだれもpの真偽について選択をもたない／も

たなかった」を意味する．議論の目的のために次のように考えよう——ひとが p の真偽について選択をもつのは，（p が真だとした場合）そのひとが p を偽にすることができるとき，かつそのときに限る(van Inwagen 1983: 66-67)．つぎにヴァン・インワーゲンは，N演算子が従う論理によれば以下の2つの推論規則が妥当である，と主張する．

(α) $\square(p) \vdash N(p)$ [3]
(β) $N(p)$, $N(p \to q) \vdash N(q)$

ここで「$\square(p)$」は「p は広義に論理的に必然的である」を意味し，「$(p \to q)$」は「もし p ならば，q」を意味する(van Inwagen 1989: 227; 1983: 94)．ラフにいえば，ある命題が**広義に論理的に必然的**であるのは，それがすべての（形而上学的）可能世界で真であるとき，かつそのときに限る．原理(α)によれば，ある命題が広義に論理的に必然的であることから，それが真であり，かつだれもその真偽について選択をもたない／もたなかった，ということが帰結する．したがって，$1+1=2$ が広義に論理的に必然的であることから，それが真であり，かつだれも $1+1=2$ の真偽について選択をもたない／もたなかった，ということが帰結する．原理(β)はより説明が難しいが，本質的には，ある命題を偽にする能力の欠如を，別の命題を偽にする能力の欠如へと移行させる原理である．つまり，もしある命題の真偽について選択をもたず（その命題は真だが，あなたはそれを偽にできないとしよう），かつ，その命題が真であるならばある別の命題も真である，という条件文の真偽についても選択をもたないならば，あなたはその別の命題の真偽についても選択をもたない，ということである．

　原理(α)と(β)，および過去と自然法則についてのもっともな前提から，もし決定論が真ならば，任意の真な命題をだれも偽にすることができない／できなかった，ということが示される．P_0 を遠い過去について，つまり「人類が存在する前の」(van Inwagen 1989: 224; Finch and Warfield 1998)時点についての任意の真な命題としよう．LとPは先に述べたものである．すると第3論証はこのように表される(van Inwagen 1983: 93-104; 1989: 404-405; 2000)．

(1)	$\square((P_0 \mathbin{\&} L) \rightarrow P)$	決定論の前提
(2)	$\square(P_0 \rightarrow (L \rightarrow P))$	(1)と移出律[4]とから
(3)	$N(P_0 \rightarrow (L \rightarrow P))$	(2)と(α)とから
(4)	$N(P_0)$	前提
(5)	$N(L \rightarrow P)$	(3), (4)と(β)とから
(6)	$N(L)$	前提
(7)	$N(P)$	(5), (6)と(β)とから

(β)について懸念を抱くひとがいるかもしれない．実際，(β)に対する決定的な反例が提示されている(McKay and Johnson 1996)．しかしながら，この問題点はさまざまな仕方で修正することができる(van Inwagen 2000)．たとえば，(β)を次の原理に置き換えてしまえばよい[5](Widerker 1987; Finch and Warfield 1998; van Inwagen 2000 も見よ)．

(β') $\quad N(p)$, $(p \vDash q) \vdash N(q)$

原理(β')によれば，N演算子は含意関係のもとに閉じている．すなわち，もしある命題の真偽についてだれも選択をもたず，かつその命題が別の命題を含意するならば，その別の命題の真偽についてもだれも選択をもたない．原理(β')に対する反例は知られていない．原理(S)に対するペリーの反例は，偽な命題，つまり〈1950年にジョーの母親はクッキーを食べた〉という命題に依拠している．しかし偽な命題を(β)や(β')の反例の材料として用いることはできない．というのも，$N(p)$は p が真であることを含意するからである．

　第3論証の前提(4)，つまり，だれもある遠い過去の命題 P_0 の真偽について選択をもたない／もたなかった，という主張について，疑問を呈することができるかもしれない(Campbell 2007)．前提(4)をサポートする論証として，次の2つが考えられる．

　(a) 「だれも過去を変えることはできない」(van Inwagen 1983: 92)ので，N

(P_0) は真である.

(b)　P_0 は遠い過去, つまり「人類が存在する前の」(van Inwagen 1989: 224)時点についての真な命題なので, $N(P_0)$ は真である.

論証 (a) は正しくない.「N(p)」は「p は真であり, かつだれも p の真偽について選択をもたない／もたなかった」を意味することを思いだそう. p を,〈リリアンが 1950 年にクッキーを食べなかった〉という命題としよう. おそらく, リリアンは p の真偽について選択をもたない——彼女がいまできることは何もないと想定されるので——ことが帰結する. しかし, リリアンが p の真偽について選択をもたなかったということは帰結しない. 彼女は 1950 年に生きていたのだから, 彼女がクッキーを食べられなかったと考える理由はない. よって, 論証 (b) が必要となる (Campbell 2007).

　第 3 論証の支持者は, P_0 は人類が存在する前の時点における世界の状態を記述する命題なので, だれも P_0 の真偽について選択をもたない／もたなかったのだ, と論じるかもしれない. その時点まで遡ると, 選択をもちうるような存在はいないのだ. 論証 (b) においては, 過去に必然性を与えるのは過去の過去性ではなく, 過去の遠隔性——過去が私たちの存在する以前の時点に遡っても存続しているという事実——なのである. この論証によれば, 決定論が自由意志への脅威となるのは, 遠い過去についての真な命題が存在するからにすぎない. そのことは, 第 3 論証は非両立論を支持する一般的な議論を提供しえないことを意味する. 遠い過去が存在するということは現実世界についての偶然的な事実であり, 決定論テーゼに本質的な事実ではない. 同様のことは第 1 論証に対してもあてはまる. 第 1 論証には遠い過去についての前提はないが, **個人にとっての遠い過去**——たとえば, J の存在以前の時点——についての前提があるからである (前掲:109).

　2 つのタイプの原理が第 3 論証に用いられている. それは, **基礎づけ原理**——だれもその真偽に選択をもたないような真な命題 (たとえば自然法則や過去についての命題) が存在することを確立する原理——と, **移行原理**——その選択の欠如をすべての真な命題に移行させる原理——である. 遠い過去が存在するといった, 現実世界がもつ偶然的な特徴をふまえれば, 適切な基礎づけ原

理を導くのは容易である．しかし，遠い過去が存在することは可能世界が一般にもつ本質的な特徴ではない．決定論的世界がもつ本質的な特徴でもない．したがって，帰結論証は最も有力視されている非両立論の論証であるものの，真の意味で非両立論を証明してはいない．せいぜい，次のより弱いテーゼを確立しているだけである——決定論および世界についてのある偶然的な命題をふまえれば，だれも自由意志をもたない(Campbell 2007; 2008b; 2010)．

振り子のアダムの事例を考えよう．彼は決定論的世界 W* に住んでいるが，そこでは時間が循環している．アダムの存在に始まりや終わりはない．彼は永遠につづく，恒久の回帰に囚われているのである．アダムは人生を，年老いたり若返ったりして過ごす．そのサイクルは平均的な 25 歳に匹敵する能力をもった状態で始まり，最終的に平均的な 50 歳に匹敵する能力にまで到達する．それからゆっくりと始まりの状態にまで退行していき，再びはじめからサイクルが始まるのである(cf. Campbell 2010)．

振り子のアダムの事例が不可能だと考える理由はない．しかし，第 1 論証と第 3 論証のどちらも，アダムが決定論的世界 W* で他の仕方で行為できないことを示すのに用いることはできない．W* は遠い過去をもたないからである．帰結論証が，遠い過去の命題に対する選択の欠如についての基礎づけ原理を要請する限り，非両立論——自由意志は決定論と両立しないというテーゼ——を証明することはできない．このことは，これらのバージョンの帰結論証が取るに足らないとか重要でないと言っているのではない．言いたいのは，帰結論証は非両立論の証明としては失敗しているということである．

3.3 『マインド』論証

帰結論証は自由意志と決定論の非両立性を論じる論証だが，それは説得的であるとしても決定的な論証ではない．では，非決定論についてはどうだろうか．非決定論のもとで自由意志を信じる見込みはどれほど現実的なのだろうか．これが運の問題であり，それは『マインド』論証を導く．『マインド』論証とはヴァン・インワーゲンによる命名だが(van Inwagen 1983: 16)，それは，その種の論証の中でも影響力のあるものが雑誌『マインド』に掲載されていたことに

60

よる（たとえば，Hobart 1934）．ヴァン・インワーゲンは非両立論者だが，彼は両立論を支持する３つの論証を考察している（前掲：４章）．そのうちの１つが『マインド』論証である．

『マインド』論証は「３つの形式」，あるいは「３つの密接に関連する筋道」をとるが，それらは「共通の出発点」をもつ（前掲：126）．さらにヴァン・インワーゲンはこう付け加える——たしかに彼は「自由意志と決定論の両立性を支持する」論証として『マインド』論証を論じてはいるが，その３つの路線は「厳密にいえば，自由意志と非決定論の非両立性を支持する論証である」（前掲：148）．実際，彼は同様の理路に訴えて，**制限主義**——ひとは「ほんのわずかな自由意志しか」もっておらず，「実際にしたのとは別のことをなしうることは，たとえあるとしてもまれである」，という見解（van Inwagen 1989: 405）——を論じている．『マインド』論証は帰結論証とは異なり，単一の論証について異なる形式があるわけではない．それは運の問題に焦点をあてた議論の集まりであり，非決定論が自由意志を害し，さらには破壊しうると考える理由を論じるものである．さまざまなバージョンの『マインド』論証は，制限主義から自由意志と非決定論の非両立性に至るまで，幅広い結論を提供する．本節ではその中でも特に，自由意志のジレンマの前提(2)にサポートを与えうる種類の『マインド』論証に絞って考察することとしたい．

ヴァン・インワーゲンは，特に強力な『マインド』論証を提示している．また彼は，自由意志の問題はそこに横たわる存在論によらず残り続けることを示している．自由意志は二元論——心や魂が，身体や残りの物的世界の存在とは異なる種類の実体であるとする見解——を要求すると考えるひとがいる．たとえば，非物質的な天使のいる世界の任意の瞬間を考えてみよう．

　…各々の瞬間と相対的な「可能な未来の集合」は，１つの要素しかもたないか，２つ以上の要素をもつかのいずれかである．もし１つしかないならば，天使の世界は決定論的である．すると，自由意志はどこにあるのだろうか（天使たちの自由とは現実の過去に付け加える自由である．そして天使たちは，彼らのもつ性質や関係を変化させる仕方を支配する法則に合致した仕方で，現実の過去に付け加えることしかできないのである）．他方，

未来の集合が2つ以上の要素をもつとしよう．すると1つの可能な未来が，別の未来——同等に可能な未来——を差し置いて現実のものとなるという事実は，単に偶然の問題であるように見える．すると，自由意志はどこにあるのだろうか．（van Inwagen 1998: 372）

この議論が示すのは，実体の本性についての論点は無関係だということだ．自由意志の問題は，たとえ非物質的な天使に満ちた世界を想像したとしても生じる．しかし，この議論は自由意志についての懐疑論のジレンマの前提(2)にサポートを与えるだろうか．

　ヴァン・インワーゲンは，『マインド』論証は「自由意志と非決定論の非両立性」(van Inwagen 1983: 148)をサポートすると主張する．もし非決定論が真ならば，「どの未来が現実となるかは偶然の問題である」．もちろん，ヴァン・インワーゲンは実際には，自由意志テーゼが決定論の否定と両立しない，と述べているわけではない．彼は次のように書いている．

　　非両立論者は，自由意志には非決定論が必要だと主張する．しかし彼らにとってさえ，どんな種類の非決定論でもよいわけではないことは明白だろう．たとえば，理性的な行為者とは遠く離れた宇宙のどこかに非決定論的な粒子がただ1つだけ存在し，宇宙のそれ以外の部分は完全に厳格な決定論的法則に支配されているとしよう．この場合，決定論は厳密にいえば偽である．だが明らかに，もし決定論が自由意志と両立しないならば，遠く隔たった1つの粒子を除くすべてが決定されている場合でも同様である．（van Inwagen 1983: 126）

決定論はすべての行為が先行する原因によって決定されていることを含意する．非決定論は私たちの特定の行為をとりまく世界の因果的構造について何も含意しない．したがって，非決定論はすべての行為が決定されていないことを含意しないし，ましてやすべての行為が運の問題であることも含意しない．ゆえに，『マインド』論証は自由意志のジレンマ(1.5節)の前提(2)をサポートしない．運についての考察が自由意志についての懐疑論と関連するのはこの理由によっ

てではない．それが関連するのは，非決定論は足しにならないという見解を支えるという理由による．自由意志は神秘だが，その神秘を解決するために「非決定論の要請は十分ではない」(Watson 1987a)．自由意志のジレンマは惜しいところまでいったが，前提(2)が偽であるので，正しい論証ではない．自由意志のジレンマは専門的には敗北したが，自由意志についての懐疑論のより強力な事例が次節で提示される．

3.4 自由意志についての懐疑論

懐疑論者とは，他人が正しいと思うことを疑うひとである．だがその疑いにはさまざまな度合いがある．不可知論者と無神論者はともに神の存在に対して疑いをもつが，後者の疑いの方がより深刻である．不可知論者は認識論的な懐疑論をとる．つまり，だれも神が存在するかどうかを知らないと考える．不可知論者は神を信仰するかもしれないが，無神論者のもつ疑いは，神の存在の明示的な否定へと達する．無神論者は形而上学的な懐疑論を採用するのである．もちろん不可知論者も疑いをもつのだが，それは単なる疑いであって，明示的な否定ではない．

自由意志についての懐疑論は，だれも自由意志をもたないという主張なので，形而上学的な懐疑論の一種である．自由意志についての懐疑論は他の2つの理論——非両立論と不可能主義——と対比される．非両立論者は，自由意志テーゼは決定論テーゼと整合しないと考える．**不可能主義者**によれば，「私たちが自由意志をもつことは形而上学的に不可能である．というのも，自由意志という概念は不整合であるか，もしくは，自由意志がある必然的に真な命題と両立しないからである」(Vihvelin 2008; cf. G. Strawson 1986; 2002; 2004)．

これら3つの主張——自由意志についての懐疑論，非両立論，そして不可能主義——はどのように関連しているのだろうか．いくつかのつながりは見てとりやすい．まず，不可能主義は自由意志についての懐疑論と非両立論の両方を含意する．不可能主義は自由意志についての懐疑論を含意するが，その逆は成り立たない．というのも，後者は現実世界がそうである仕方についての偶然的なテーゼにすぎないのに対し，前者はすべての（形而上学的に）可能な世界につ

いてのテーゼだからである．さらに，もし自由意志が(形而上学的に)不可能ならば，それは何ものとも共存しえない．まさにその事実によって，自由意志は決定論とも共存しえないので，不可能主義のもとで非両立論は真となる．

自由意志についての懐疑論のテーゼは決定論とは独立である．ゲーレン・ストローソンによれば，自由意志についての懐疑論は「決定論が真であれ偽であれ成立する．つまり決定論の論点は無関係である」(Strawson 2002: 441)．このことは，自由意志についての懐疑論を支持する「決定論とは独立の論証」が存在することを意味する(Strawson 1986: 84)．前節までで自由意志のジレンマを考察したが，専門的には，そこでの論証にはまだ不足があった．というのも，非決定論は自由意志と両立しないわけではないからである．

ストローソンは「基本論証」と呼ばれる，自由意志についての懐疑論の4種類の「アプリオリな」論証を提示する(Strawson 2002: 441-443; cf. Strawson 1986: 28-29; 2004)．これがバージョン1である．

> 1.1　行為するとき，あなたは自分の行為を——あなたが置かれた状況下で——あなた自身のありかたのゆえに行う．
>
> 1.2　もしあなたが，自分自身のありかたのゆえに行為を行うのだとすれば，あなたが行為に対してURD[6]であるためには，あなたがそうである仕方についてURDでなければならない．
>
> 1.3　あなたは自分がそうである仕方についてURDではありえない．
>
> 1.4　したがって，あなたは自分のすることについてURDではありえない．(前掲 2002: 443)

「URD」とは，「究極的に責任をもち，称賛や非難，刑罰や褒賞に値する」の略である(cf. 前掲：442)．ストローソンの基本論証は，自由意志について何も前提せずに決定論と道徳的責任の非両立性を直接論じる，後述の直接論証であると見ることができる(4.1節)．

ストローソンによれば，基本論証は「決定論が真であれ偽であれ成立する．つまり決定論の論点は無関係である」(前掲：441)．バージョン1は，自由意志についての懐疑論の「決定論とは独立の論証」である．バージョン2を提示し

たあとで，ストローソンはこう述べる．「この論証は決定論の真偽にかかわら
ずに成立する．というのも，いずれにせよ私たちは URD でありえないからで
ある」(前掲：444)．

　バージョン 3 と 4(前掲：445-447, 447-448)はより詳細な議論である．バージョ
ン 4 の最後にストローソンはこう書いている．

> 　ここでも再び，決定論の真偽は何の違いももたらさないことに注意しよう．
> もし決定論が偽ならば，ひとのありかたの変化のいくつかは，非決定論的，
> あるいは偶発的な要因の影響に遡ることができるかもしれない．さらに，
> 困難な選択や自身を変える努力も，脳内の非決定論的な出来事の引き金に
> なりうるかもしれない．しかし非決定論的／偶発的な要因は――その特定
> の性格について，ひとは仮定により責任をもつことができないのであるが
> ――ひとが自身のありかたについて URD であることに貢献しえない．
> (前掲：448)

この論証は決定論とは独立である．というのも，たとえ決定論が偽であったと
しても，依然として自由意志は脅かされるように思われるからである．

　次章では(4.3節)，別の文脈で，つまり道徳的責任についての懐疑論として，
ストローソンの議論を検討する．しかし興味深いことに，それは自由意志につ
いての懐疑論の論証とみなすこともできるかもしれない．とりわけ興味深いの
は，帰結論証とは対照的に，ここでの焦点は自由意志の源泉説にあることであ
る．ヴァン・インワーゲンは，古典説の論者が魅力に感じる類の自由意志の問
題を動機づける(3.1-3.3節)．だがストローソンの論証は，源泉性を考慮に入
れているのである．

　帰結論証(3.1-3.2節)に対して提起されたものと同じ種類の批判が，ストロ
ーソンの基本論証にも適用されることを注記しておきたい．永遠的存在の可能
性を付け加えてみよう．そうすると，たとえ自由意志をもつためには自己原因
であることが必要だとしても，永遠的存在が自由意志をもたないことを示すこ
とはできない．基本論証は，私たちが自由でないような時点が存在するという
事実に依拠しており，それから移行原理のようなものを用いて，私たちが自由

になる時点がないと論じる．だが仮に，ひとの人生を永遠の過去にまで延長させ，その生の最初の瞬間の存在を否定してしまえば，ストローソンの懐疑的結論は出てこない．このことの教訓は，私たちの過去の長さは論点にまったく関係がないはずなので，基本論証のどこかに誤りがあるということである．もし過去がすでに過ぎ去ってしまったものならば，なぜその長さが私の現在の自由についての論点に関係しうるというのだろうか．だが過去の長さが自由の問題に関係がないというならば，ストローソンはこの同じ理路に訴えて，たとえ私たちが永遠的存在であるとしてもだれも自由意志をもたないのだと示せるのではないだろうか——結局のところ，自己原因という概念は不整合なものだということになるのだ．

　正直にいって，ストローソンの論証に対する私の見解は，上記のような明白な批判が存在するという考えと，正しい論証であるという2つの考えに分かれている．もしかすると基本論証は，究極的源泉としての自由意志は不可能であることを示しているのかもしれない．だが仮にそうだとして，だれがそれを気にかけるのだろうか．たとえば「知識」を，絶対に誤りえない確実性であると定義するとしよう．その定義をふまえれば，だれもあらゆることについて知識をもたないことを示すのはきわめて容易である．しかし，だれもそのことを気にかけはしない．なぜなら，私たちのだれもが知識は誤りうると認めているし，最も確実な証拠でさえ真理を保証しはしないと認めているからである．このことから示されるのは以下のことである——私たちは誤りえない知識をもたないが，そのことからは，私たちがいっさいの知識をもたないということは帰結しない．認識論者たちは不可謬性への没頭から出発し，そこから思想を成熟させていく中で，より現実の人間の能力に適合する知識概念を受け入れるに至った．私の中の1人の私は，ストローソンの論証に対する解決があると考えている．しかしもう1人の私は，論証に対する解決はないものの，それはただ単に自由意志論者も成長する必要があることを——つまり究極的源泉の要請を棄却することを——示しているにすぎない，と考えている．

文献案内

　帰結論証の形式的なバージョンは，カール・ジネット (Ginet 1966; 1990)，ヴァン・インワーゲン (van Inwagen 1975; 1983; 1989; 2000)，フィッシャー (Fischer 1994) で提示されている（ただしフィッシャーは自身の論証を「基礎論証」と呼んでいる）．帰結論証への強力な批判は，ルイス (Lewis 1981)，トマス・マッケイとデイヴィッド・ジョンソン (McKay and Johnson 1996)，ペリー (Perry 2004) で与えられている．『マインド』論証の最も説得的なものは，ヴァン・インワーゲン (van Inwagen 1983; 1989; 1998; 2000; 2004) に由来する．『マインド』論証についての重要な議論としては，アリシア・フィンチとテッド・ウォーフィールド (Finch and Warfield 1998)，ダーナ・ネルキン (Nelkin 2001) も見よ．ヴァン・インワーゲン (1983; 2004; 2008)，ゲーレン・ストローソン (Strawson 1986; 2002; 2004) は自由意志の問題の最も良い形式化を与えている．

4

道徳的責任——非両立論と懐疑論

　本章では，3つの論証——直接論証，操作論証，そして究極性論証——を考察する．直接論証が目指すのは，**道徳的責任についての非両立論**[1]，すなわち，**道徳的責任テーゼ**——何かについて道徳的責任をもつひとが存在する／した，という主張——と決定論テーゼの非両立性，の確立である．直接論証は，いくつかの理由から，自由意志の研究者の関心の的となっている．第1に，それは第3論証と形式的に類似している．唯一の違いは，第3論証は非-選択演算子——N演算子——を採用するが，直接論証は非-責任演算子を採用するという点である[†14]．第2に，直接論証は道徳的責任についての非両立論の論証だが，その論証は自由意志についての前提をいっさい用いないとされる．そういった論証がそもそも可能なのかどうかについて，自由意志論者が関心をもつのはもっともなことだ．第3に，直接論証は源泉-非両立論者——自由意志の古典説を拒否する，道徳的責任についての非両立論者——にとって有用かもしれない．古典-非両立論者は，道徳的責任についての非両立論を，PAPと帰結論証とから論じることができる（Widerker 2002: 316）．しかし，この選択肢は源泉-非両立論者には開かれていない．もしかすると源泉-非両立論者は，直接論証を用いることで道徳的責任についての非両立論を論証することができるかもしれない．だが本章で（4.1節），この選択肢をとることはできないことを示すことになる．

　操作論証（4.2節）は道徳的責任についての非両立論の論証だが，究極性論証は道徳的責任についての懐疑論の論証である．直接論証とは異なり，これら2つの論証が自由意志についての前提から独立であるかどうかは疑問の余地がある．もし「自由意志」を，道徳的責任に必要とされる最も根源的な力能と定義するならば，2つの論証を自由意志についての懐疑論の論証へと簡単に変えることができる．実際，ゲーレン・ストローソンによる自由意志についての懐疑

69

論の論証(3.4節)は，以下(4.3節)で考察される彼の道徳的責任についての懐疑論の論証を自由意志に適用したものなのである.

4.1　直接論証

第3章で検討した帰結論証は，自由意志の古典説に依拠したものであった．直接論証は，自由意志についての前提を，さらには道徳的責任に関する自由の条件についての前提も用いずに，より直接的に道徳的責任についての非両立論を示す論証である．直接論証のもう1つの特筆すべき特徴は，原理(β)に似た，非-責任の移行原理を組み入れていることである.

まずは，デイヴィッド・ワイダーカー(Widerker 2002)によって若干の修正が施された，ヴァン・インワーゲン(van Inwagen 1980; 1983)による**直接論証**からはじめよう．この論証は次の2つの形式的原理を活用する.

(A)　$\Box(p) \vdash \mathrm{NR}(p)$

(B)　$\mathrm{NR}(p),\ \mathrm{NR}(p \to q) \vdash \mathrm{NR}(q)$

ここで「$\Box(p)$」は「p は広義に論理的に必然的である」を意味し，「$\mathrm{NR}(p)$」は，「p は真であり，かつだれも p という事実について道徳的責任をもたない／もたなかった」を意味する(Widerker 2002: 317; cf. van Inwagen 1983: 184)．原理(A)によれば，広義に論理的に必然的などんな主張についても道徳的責任をもたない／もたなかった．たとえば，あなたは $1+1=2$ という事実について道徳的責任をもたない．原理(B)は非-責任の移行原理である.

ヴァン・インワーゲンの直接論証について，$\mathrm{P_0}$ を遠い過去のある時点——人間が誕生する以前の時点——における世界の状態についての命題とし，Lを自然法則の連言としよう．Pは任意の真な命題である.

(1)　$\Box((\mathrm{P_0}\ \&\ \mathrm{L}) \to \mathrm{P})$　　　　　　　　決定論の前提

(2)　$\Box(\mathrm{P_0} \to (\mathrm{L} \to \mathrm{P}))$　　　　　　　(1)と移出律とから

(3)　$\mathrm{NR}(\mathrm{P_0} \to (\mathrm{L} \to \mathrm{P}))$　　　　　　(2)と(A)とから

(4)	$NR(P_0)$	前提
(5)	$NR(L \rightarrow P)$	(3), (4)と(B)とから
(6)	$NR(L)$	前提
(7)	$NR(P)$	(5), (6)と(B)とから

直接論証に対する批判の大半は，原理(B)の妥当性に注目するものだ．たとえばワイダーカー(Widerker 2002)は，(B)やその他の非-責任の移行原理に対する説得的な反例を提示している．この反例には2つの種類がある．1つ目は，1つの重要な違いを除いてフランクファート事例を模倣するものである．もともとのフランクファート事例では2人の行為者がいた．すなわち，介入者のブラックと，**被-介入者**のジョーンズ——彼は道徳的責任をもつが他の仕方で行為できないとされている——である．ワイダーカーによる(B)に対する1つ目の種類の反例では，1人の行為者しかおらず，自然的な過程が介入者に取って代わっている．これを**単一行為者のフランクファート事例**と呼ぼう．

　たとえば，以下に示すのは「浸食」の事例(Ravizza 1994)である．これは原理(B)に対する反例であり，ワイダーカー(前掲：2002)によって——そしてフィッシャー(Fischer 2004)によってさらに綿密に——論じられた．

　　ベティが氷河の裂け目にダイナマイトを設置し，時点 T_1 にそれを爆発させて，時点 T_3 に敵の要塞を破壊する雪崩を引き起こした，と想像しよう．しかしながら，ベティや彼女の司令官には知られていなかったのだが，その氷河は徐々に融け，動き，浸食していた．もしベティが氷河の裂け目にダイナマイトを設置していなかったとしても，時点 T_2 に氷塊の一部が割れて，それによって時点 T_3 に敵の要塞を破壊する天然の雪崩が始まるだろう．(Widerker 2002: 318; cf. Ravizza 1994: 72-73)

直観的には，時点 T_3 に敵の要塞が破壊されたことに対してベティは責任をもつ．しかし，「その氷河は徐々に融け，動き，浸食していた」という事実，そして氷河の浸食をふまえれば敵の宿営地が時点 T_3 に破壊されるという事実，これらに対してはだれも道徳的責任をもたない／もたなかったように思われる．

これは原理(B)への反例になっている．次の論証を考えよう．

- NR(その氷河が融けている)
- NR(その氷河が融けている → 敵の宿営地は時点 T_3 に破壊される)
- ∴ NR(敵の宿営地は時点 T_3 に破壊される)

この論証の前提は真だが結論は偽なので，この論証は妥当でない．したがって，原理(B)は妥当でない．

　ワイダーカーが述べるように(Widerker 2002: 319)，直接論証の支持者は，反例として提出された単一行為者のフランクファート事例に対して，(B)の条件を強化することによって応答するかもしれない(Warfield 1996)．

　　(B$_1$)　NR(p), ($p \vDash q$) ⊢ NR(q)

(B$_1$)はワイダーカーによる単一行為者のフランクファート事例の反例を免れるということで，彼は別の反例の考察に移る[2]．2つ目の種類の反例の特徴は，それぞれの事例において，p を真にする出来事は q を真にする出来事の後に生じるということである．だがそれでも，q は p の必要条件である．このことは因果的決定の事例の標準的な順序を改変している．これらを**時系列改変の事例**と呼ぼう．

　次の「稲妻」の事例——私信でハド・ハドソンが示唆してくれた，改変された年表の事例——を考えよう．

　　ある日スパーキーは，ある仲睦まじい両親のあいだに生まれた．何年かしたあと，ひとすじの稲妻がスパーキーを直撃し，彼は即死した．

さて，次の論証を考えよう．

- NR(ひとすじの稲妻がスパーキーを直撃する)
- ひとすじの稲妻がスパーキーを直撃するということは，スパーキーが存

在することを含意する.

- ∴ NR(スパーキーは存在する)

たとえひとすじの稲妻が彼を直撃するという事実についてだれも責任をもたず,さらにその事実はスパーキーが存在することを含意するとしても,彼の両親は彼が存在するという事実について責任をもっていた.上記の論証の前提は真だが結論は偽なので,原理(B_1)は妥当でない.同様の議論は,ワイダーカーの「運命」の事例(Widerker 2002: 319)にもあてはまる.

直接論証の支持者は,さらに別の非-責任の移行原理を案出するかもしれない(Ginet 2002; Widerker 2002: 322 fn. 14).

(B_2)　$NR(p)$, $NR(p \rightarrow q) \vdash NR(q)$　(ここでqが記述する出来事／事態は,pが記述する出来事／事態よりも後に生じるものとする)[3]

この原理は論点先取であるように思われる.すでに決定論と道徳的責任の非両立性に関する疑いをもっているのでなければ,どうして出来事の時系列が世界内の出来事の順序に従うべきだと限定する必要があるだろうか.直接論証は,私たちの決定論への疑いを正当化するための論証だったはずではないか.決定論が道徳的責任に対する厄介な問題だとすでに確信しているひとがいたとして,どうして彼が原理(B_2)への反例とされるものに納得することが期待されようか(cf. Widerker 2002: 322-323).

フィッシャー(Fischer 2004)は,(B)のような非-責任の移行原理の妥当性をめぐる論争は,最終的に論争の袋小路へと導かれる,と論じる.マイケル・マッケナによれば,**論争の袋小路**は,「論争の中の相対立する立場が,理を尽くして,各々の議論を理にかなった／説得的なものにするのだが,それ以上の議論が枯渇してしまうときに生じる.どちらの立場も,相手方の見解の正当性を覆したのだと,決定的な仕方で適切に主張することができないのである」(Widerker 2005; Fischer 1994: 4章も見よ).ひとたび論争の袋小路に行き着いたら,反例構築のアプローチをそれ以上続けるのは不毛である.それは論争を解決へと導きはしないからだ.

直接論証の正しさについての意見の不一致が論争の袋小路へと導かれる，という フィッシャーの見解が仮に正しいとしても，なおも私たちは，直接論証は当初の目的——自由意志についての前提を用いずに，道徳的責任に関する非両立性への論証を提供するという目的——を達成しうるのか，と問うことができる．以下では，何らかのフランクファート事例が PAP への真の反例であると受け入れることと，正しい直接論証に必要とされる種類の非-責任の移行原理を承認することのあいだには，ある衝突が存在するということを示そう．

　たとえば，(B)や(B₁)や(B₂)のような非-責任の移行原理が妥当な推論規則であるとしよう．これらの原理の妥当性をふまえると，フランクファート事例の被-介入者が行為について道徳的責任をもたないことが示される．そのことから源泉-非両立論者は，フランクファート事例のもっともらしさと非-責任の移行原理の妥当性の両方に頼ることはできない，ということが帰結する．言い換えれば，フランクファート事例に動機づけられる源泉-非両立論者は，直接論証を道徳的責任の非両立性を支持する論証として利用することはできないのである (Campbell 2006)．

　このポイントをより明確にするために，ダーク・ペレブームによるフランクファート事例である，「脱税」の事例[†15] を考えてみよう．

　　ジョーは，家の購入時に支払った登録料について，税額控除を申請するかどうかを思案している．彼はその控除の申請が違法であることを知っているが，きっと発覚しないであろうことも知っているし，また仮に発覚したとしても，違法だと知らなかったのだという言い訳が説得的に通用しうることも知っている．さて彼は，他者が負う代償やその違法性にかかわらず自己利益を追求する強い欲求——つねにその欲求が支配的になるわけではないが——をもっているとしよう．くわえて，この状況下で彼が脱税しないことを選択する唯一の道は，彼自身が認知する道徳的理由によってである．また，彼は何の理由もなく，あるいは単なる気まぐれで，脱税を選択することはない．さらに，この状況下で脱税しないことを選択するためには，彼の道徳的理由に対する認知がある一定の水準にまで達していることが，因果的に必要とされる．ジョーはこの水準の認知に達することを，自

発的な仕方で確かなものとすることができる．しかし，この水準の認知に達することは，脱税しないという選択にとって因果的に十分ではない．もしその水準の認知に達したとしても，彼はリバタリアン的な自由意志を行使することによって，脱税をするかそれとも控えるかを選択することができる（介入者による装置が働くことなく）．しかしながら，脱税を選ぶことを保証するために，ジョーの知らないうちに，神経科学者がジョーの脳内にある装置を埋め込んだ．その装置は，要求される水準の認知を感知すると，右脳の神経系に電気刺激を与えることによって，不可避的に脱税という選択が生じるようにする．実際には，ジョーの道徳的理由に対する認知はこの水準に達せず，彼は自分の意志で脱税を選択したため，その装置は働かないままだった．（Pereboom 2003: 193）

近年の研究（Fischer 1999; Pereboom 2000）によると，**真のフランクファート事例**——PAP に対する真の反例を提供するフランクファート事例——は，3 つの条件を満たさなければならない．S が a をする——ここで S はフランクファート事例の被-介入者，すなわち道徳的責任をもつが他の仕方で行為することができない行為者——としよう．すべての真のフランクファート事例において，次の条件が成立している．

1. a は，c_1（現実の，非決定論的な因果連鎖）と c_2（反事実的な因果連鎖）という，2 つの可能な因果連鎖のうちの 1 つから生じる結果である．
2. a は c_1 の現実の結果であり，したがって究極的に非決定論的な過程からの現実の結果である．
3. S は a の源泉である．（Campbell 2006）[16]

「脱税」の事例で，S はジョー，a はジョーの脱税行為，c_1 は行為へと至る現実の因果連鎖，そして c_2 は，神経科学者の装置が特定の水準の道徳的理由を感知していたら生じていたであろう，反事実的な因果連鎖である．「脱税」の事例のようなフランクファート事例の支持者は，条件 (1) は S が他の仕方で行為できないことを保証し，条件 (2) は a が決定論的過程からの結果でないこと

を保証し，条件(3)は a が道徳的責任に関する自由の条件を満たしていることを保証する，と考える．

　何らかのフランクファート事例がPAPへの反例であることを受け入れることと，正しい直接論証に必要とされる非-責任の移行原理を承認することとのあいだには，ある衝突が存在する．この点をより明確に理解するために，移行原理(B)の行為者相対的なバージョンを考えてみよう (cf. Fischer 1994: 8)．

　　(B*)　　$NR_S(p)$, $NR_S(p \to q) \vdash NR_S(q)$

ここで「$NR_S(p)$」は，「p は真であり，かつ S は p という事実について道徳的責任をもたない／もたなかった」を意味する．条件(1)～(3)を前提すると，もし原理(B*)が妥当ならば，フランクファート事例の被-介入者は行為に道徳的責任をもたない，と論証することができるかもしれない．(1)～(3)をふまえると，真のフランクファート事例の被-介入者 S は，他の仕方で行為することはできないとしても，a について道徳的責任をもつ．そのような事例で，a は c_1（現実の，非決定論的な因果連鎖）と c_2（反事実的な因果連鎖）という，2つの可能な因果連鎖のうちの1つから生じる結果である．C_1 を，〈c_1 が因果的に実効的であり，S による行為 a が生じる〉という命題，C_2 を，〈c_2 が因果的に実効的であり，S による行為 a が生じる〉という命題，そして，A を〈S が a をする〉という命題としよう．最後に，「$p \lor q$」は「p または q」を意味するとしよう．

　任意の真のフランクファート事例において，c_1 と c_2 のどちらかが因果的に実効的であり，それは S による行為 a を生じさせる．したがって，S による行為 a は C_1 と C_2 の両方の内容の一部であるので，$(C_1 \lor C_2)$ は A を含意する．原理(A)をふまえると，だれも「もし $(C_1 \lor C_2)$ ならば A」という事実について道徳的責任をもたない／もたなかったこと（すなわち，もし c_1 と c_2 が因果的に実効的であるならば a が生じる，という事実について，だれも責任をもたないこと）が帰結する．このことを行為者 S についての個別事例に適用すれば，S は責任をもたず，$NR_S((C_1 \lor C_2) \to A)$ が成立する．しかし S は $(C_1 \lor C_2)$ という事実について道徳的責任をもたない／もたなかった．というのも，c_1

と c_2 のどちらかが因果的に実効的であるという事実，そしてそれらから行為 a が結果するという事実を保証しているのは，介入者だからである．(B*)から，S は A という事実について道徳的責任をもたない／もたなかったことが帰結する．この論証は完全に一般的なので，もし(B*)が妥当であるならば，フランクファート事例の被–介入者は行為に道徳的責任をもたない，と結論することができる．

　(B)を受け入れながら，その行為者相対的なバージョンである(B*)を拒否する実質的な理由はない(cf. van Inwagen 1989: 408–409)．かくして上述の議論は，(B)をふまえると，フランクファート事例の被–介入者は行為に道徳的責任をもたないことを示唆する．さらに，任意の真のフランクファート事例について，その単一行為者版が存在する．「脱税」の事例の単一行為者版である，「**脱税***」の事例を考えてみよう．

> ジョーは脱税をするかどうかを思案している．彼の心理学的状況は，脱税をしないためには道徳的理由に対する認知がある一定の水準にまで達していなければならない，というものである．さらにジョーの脳にはある障害があり，彼の認知が一定の水準に達するときにはいつでも，脳が電気的に刺激されて，抑えがたい不正行為への欲求が生じるものとする．現実には，ジョーは道徳的理由を認知することができず，結局脱税することを選んでしまう．

「脱税*」の事例をふまえると，次の議論が得られる．

- NR（ジョーの脳には障害がある）
- NR（ジョーの脳には障害がある → ジョーは脱税をする）
- ∴ NR（ジョーは脱税をする）

ここでも，この論証の前提は真だが，結論は偽である．単一行為者版のフランクファート事例は，少なくとも一部の移行原理——これは直接論証に必須である——のもっともらしさを弱体化させるのである．

「脱税*」の事例でのジョーは脱税行為に道徳的責任をもたないのだ，と論じるひとがいるかもしれない．上で示唆されたのは「脱税*」の事例は原理(B)の反例だということだが，それとは逆に，原理(B)をふまえると「脱税*」の事例でのジョーは行為に道徳的責任をもたないことが示されうる，と論じるのである．正直にいって，私にはどちらの見解が正しいのか判断しがたい．とはいえ以上の議論は，フランクファート事例がPAPの反例になっていると受け入れることと，正しい直接論証に必要とされる非-責任の移行原理を承認することのあいだには緊張がある，という私の主張と整合するものである．

(B)，(B_1)，そして(B_2)のあいだの違いは上の議論では無関係なので，同様のことは(B_1)や(B_2)にもいえる．つまり，「脱税*」の事例は(B_1)や(B_2)の反例であるか，もしくは，これらの原理を用いて，「脱税」の事例のようなフランクファート事例の被-介入者が行為に道徳的責任をもたないことを示せるか，そのいずれかなのである．いずれにせよ，フランクファート事例に動機づけられる源泉-非両立論者は，直接論証を，道徳的責任についての非両立論の論拠とみなすことはできないのだ．

以上のことから何を結論すべきだろうか．第1に，直接論証は決定的ではない．というのも，それは道徳的責任についての非両立論を支持する論点先取でない論証になっていないからである(Fischer 2004)．第2に，直接論証の動機のうちの少なくともいくらかは半減してしまう．というのも，直接論証はフランクファート事例に動機づけられる源泉-非両立論者の助けにはならないからである．いずれにせよ，道徳的責任についての非両立論者は，別の議論へと向かうほうがいいのだ．

4.2 操作論証

操作論証の一例は，ミーリーの**受精卵論証**である(Mele 2008: 279; 2006: 188-195 も見よ)．

女神ダイアナはメアリーの胎内に受精卵 Z を創造する．ダイアナが Z をそのような原子の組成にしたのは，30 年後にある出来事 E が生じてほし

いと思ったからである．Ｚを創造する直前の宇宙の状態と自然法則につい
ての知識から，ダイアナは次のことを演繹する——メアリーの胎内の，ま
さにＺのような組成の受精卵は，いずれ理想的な自己コントロールをも
った行為者となる．30 年後その行為者は，合理的な熟慮にもとづいて Ａ
をすることが最善だと判断し，その判断にもとづいて Ａ をすることにな
る．そして行為 Ａ によって Ｅ がもたらされる——以上のことをダイアナ
は演繹するのである．もしこの行為者（アーニーとしよう）が Ａ をするさ
いにどんな捨てがたい価値をもっていたとしても，それは Ａ という行為
を動機づける役割を果たさない．30 年後，アーニーは精神的に健全で，
理想的な自己コントロールをもった人間になった．つまり，自身の自己コ
ントロールの力能を安定的に行使し，この力能に反する強制／強迫によっ
て形成された態度をもたないような行為者である．さらに彼の信念は，自
身にかかわるすべての事柄についての情報にもとづいた熟慮に寄与しうる
ものであり，その点で彼は信頼性の高い熟慮者である．よって彼は私が提
案した，自由に Ａ をするための両立論的な十分条件を満たしている．
(Mele 2006: 188)

ミーリーは続けて次のように論じる．

アーニーと，バーニー（アーニーと同様，自由な行為の両立論的な十分条
件を満たす行為者）を比較してみよう．バーニーのもととなった受精卵は，
通常の仕方で発生した．アーニーの行為 Ａ は自由でないがバーニーの行
為 Ａ は自由だと主張する両立論者が直面する主たる挑戦は，２つの受精
卵が形成された原因の違いがどのようにしてこの帰結をもつのかを説明す
ることである．２人の行為者が共有する性質をふまえるならば，受精卵の
来歴の違いなど関係ないのではないだろうか．（前掲：188）

以上が，道徳的責任についての非両立論の論証の１つである．この論証の構造
をより深く見てみる必要があるだろう．
　操作論証は，**操作ケース**——アーニーのように，行為者が操作されており，

行為に道徳的責任をもたないと想定される事例——と，**決定論ケース**——バーニーのように，行為者の行為が道徳的責任についての両立論的な必要条件を満たしており，かつ決定論的世界に置かれている事例——とを対比する．**無相違テーゼ**とは，これら2つの事例のあいだには実質的な違いがない，という主張である．それゆえ，操作ケースにおける道徳的責任の欠如は決定論ケースにも拡張することができるため，非両立論は真である，というわけである（McKenna 2008）．

操作論証に対する**穏健策**は，無相違テーゼを否定し，操作ケースは決定論ケースとは異なるのだ，と考える．たとえばフィッシャーは，有責的な行為は適切な来歴を必要とする，と主張する．フィッシャーとラヴィッツァ（Fischer and Ravizza 1998）によれば，行為者が誘導コントロールをもつのは，彼の行動（行為，選択，不作為など）が，彼自身の適切に理由応答的なメカニズムから発しているとき，かつそのときに限る[4]．この説明において要請されているメカニズムの所有者性は，フィッシャーの見解では，決定論ケース（のいくつか）では成立する一方で操作ケースでは成立しないので，彼は**穏健な両立論者**である．つまり彼は，ある種の操作は行為者の道徳的責任を損なうと考える．ゆえに，行為の来歴が重要になるのである（5.3節も見よ）．

マッケナ（McKenna 2008）は説得的に，穏健な両立論は失敗する運命にあると論じた．というのも，より良い操作ケース——決定論ケースと識別不可能であるように思われる——がつねに待ち受けているからである．**強硬策**は，無相違テーゼを受け入れて，操作ケースの行為者と決定論ケースの行為者に実質的な違いがないという反直観的な帰結を甘受する．だが，すべての操作ケースが，行為者の道徳的責任の欠如をもたらすことは否定する．操作論証に対して強硬策を採用する両立論者は，**強硬な両立論**に与することになる（McKenna 2008; Russell 2010）．ところで，一部の操作ケースでは，行為者の認知能力が制限されているように思われることは注記に値する．したがって，つねに強硬策のアプローチをとる必要はない（Mele 2008; Sripada 2012）．マッケナの論旨はむしろ，操作ケースはつねに改良可能なので，最終的に両立論者は強硬策のアプローチに導かれる，というものである．

ペレブーム（Pereboom 1994）による非両立論の**四事例論証**も，操作論証の一種

である．四事例論証は非-責任の移行原理を用いないため，直接論証とは異なる種類の論証である．この論証でペレブームは，行為者が操作されており，自身の行為に道徳的責任をもたないように見える3つの事例を提示する．その後で，決定論が真だがいかなる操作も含まない4つ目の事例を作り，この事例でも行為者は行為に道徳的責任をもたないことを示唆する．ペレブームによれば，4つの事例を区別する原理だった方法はないのである．私たちの直観が説明可能になるのは，次のような「根源的非両立論の原理」(FIP)[5]が真であるときに限る[†17].

> もしあるひとの行為が，そのひとのコントロール外の要因——そのひとが生みだしたり変えたり防いだりすることができない要因——にまで遡る決定論的な因果過程から生じるものであるならば，そのひとは道徳的責任に必要とされる意味での自由をもたない．(Pereboom 1994: 249; 246, 252 も見よ)

この原理を最もよく特徴づけるために，「NR_S」を，4.1節で出てきた行為者相対的な非-責任演算子とし，「$NC_S(p)$」を，「pは真であり，かつSはpという事実に対してコントロールをもたない」を意味するものとしよう．ここで「コントロール」という語は，道徳的責任に必要な種類の自由を指示するよう意図されている．

　「Sはpという事実に対してコントロールをもたない」と言うことで私は，pという事実はSによって生みだされえず，変えられえず，さらに防がれえない，ということを意味する(Pereboom 1994: 249).より具体的に定式化しておこう．pという事実がSによって生みだされえないのは，pが真な命題であり，かつSがpという事実の源泉でないとき，かつそのときに限る．また，pという事実がSによって変えられえない，または防がれえないのは，pが真な命題であり，かつ $\sim p$ を真にするためにSができる／できたことが何もないとき，かつそのときに限る[6].かくして，(FIP)を次のように定式化することができるだろう．

(FIP₁) $\mathrm{NC}_S(p),\ (p \vDash q) \vdash \mathrm{NR}_S(q)$

　この原理をふまえると，フランクファート事例の被-介入者は行為に道徳的責任をもたないことを，原理(B*)を用いて 4.1 節で例証したのと同じ仕方で示すことができる (Campbell 2006).

　このことから何を結論すべきだろうか．操作論証は道徳的責任についての非両立論を確立したのだろうか．第 1 に，操作によってつねにひとの道徳的責任が損なわれるわけではないし，つねに称賛や非難に値しなくなるわけでもない．ある極右的思想のひとたちが，ビル・クリントンはテキサス出身の髪の豊かな女性が好みだと知ったとしよう．このことから，彼らはクリントンを操作して，モニカ・ルインスキーと引き合わせることを決めた．このことだけからは，クリントンの行為が自由でないことは示されない．さらに，彼が自分の行為について非難に値しないことも示されない．第 2 に，操作が自由やコントロールをなくす事例では，たいていの場合ひとの認知能力が損なわれることによってそうなっている．したがって，操作論証への穏健な応答のうちいくつかは利用可能である．そしてそれらのすべてが失敗しているとしても，いつでも強硬な応答をとることができるのである．

4.3　究極性論証

　最後に検討する道徳的責任についての懐疑論の論証は，**究極性論証**である (Strawson 2004: 5 節 ; cf. Widerker 2002: 321).

- もし決定論が真ならば，だれも自分の行為の究極的源泉ではない．
- ひとが自分の行為に道徳的責任をもつのは，自分の行為の究極的源泉であるときに限る．
- ゆえに，もし決定論が真ならば，だれも自分の行為に道徳的責任をもたない．

ワイダーカーによれば，1 つ目の前提の正しさは，次の非-究極性の移行原

理に依存する.

(BU)　　$NU(p)$,　$NU(p \rightarrow q) \vdash NU(q)$

ここで「$NU(p)$」は,「p は真であり, かつだれも p であることの究極的源泉ではない」を意味する (Widerker 2002: 322).

(BU)は妥当だろうか. 源泉-非両立論者がこの原理を用いることはできるだろうか. あるいは, この原理を用いて, フランクファート事例の被-介入者が行為に道徳的責任をもたないことを示せるだろうか.「脱税*」の事例(4.1 節)について, 以下の論証を考えてみよう.

- $NU(C_1 \vee C_2)$
- $NU((C_1 \vee C_2) \rightarrow A)$
- $\therefore NU(A)$

$(C_1 \vee C_2)$ が A を含意することをふまえると, 2 つ目の前提は異論の余地のないものである——ある広義に論理的に必然的な命題が真であることの究極的源泉であるひとがいる, などと考えない限り. ジョーが C_1 であることの究極的源泉であることはもっともらしいが, ジョー(あるいは他のだれも)が$(C_1 \vee C_2)$であることの究極的源泉であることはもっともらしくない. それがもっともらしいと言うことは, ジョーが$(C_1 \vee \sim C_1)$であることの究極的源泉であると言うことに等しいが, それは原理(A)の精神に反する(4.1 節).

　上の議論の結論をどのように考えるべきだろうか. 一方では, (BU), そして究極性論証はかなりの直観的な威力をもっている. このことが示唆するのは,「脱税」と「脱税*」のいずれの事例でも, ジョーは脱税行為に道徳的責任をもたないということである. 他方, もし「脱税」の事例が真のフランクファート事例であると受け入れるならば,「脱税*」の事例は原理(BU)の反例になっているように思われる. いずれの道も, 源泉-非両立論者にとってはまたしても問題含みのものである.

　ランドルフ・クラーク(Clarke 2005)は, 究極性論証へのさらなる批判を提示

83

している．クラークは，ゲーレン・ストローソンを引用しながら，究極性論証を以下のように特徴づける（前掲：14）．

- 何ものも自己原因ではありえない——何ものも自身の原因ではありえない．
- 自分の行為に真に道徳的責任をもつためには，少なくともある決定的に重要な心的側面について，ひとは自己原因でなければならない．
- ゆえに，何ものも真には道徳的責任をもちえない．

第2の前提を支持するために，ストローソンは次の論証を提示する．

1. あなたは自分の行為を——あなたが置かれた状況下で——あなた自身のありかたのゆえに行う．
2. 自分の行為に真に道徳的責任をもつためには，自身のありかたに——少なくともある決定的に重要な心的側面に——真に責任をもたなければならない．　（Strawson 2002: 443）

クラークによれば(1)から(2)を推論するためには次の2つの規則が必要である．

（O）　ひとが自身のありかたのゆえに実際の行為をするとき，その行為に真に責任をもつためには，（a)自身のありかたに——少なくともある決定的に重要な心的側面に——真に責任をもたなければならないか，（b)「ひとが(少なくともある決定的に重要な心的側面について)実際のありかたであるならば，その行為を遂行する」という条件文の真偽がそのひと次第でなければならない．

（P）　ひとが自身のありかたのゆえに実際の行為をするとき，「ひとが(少なくともある決定的に重要な心的側面について)実際のありかたであるならば，その行為を遂行する」という条件文の真偽がそのひと次第であることは不可能である．　（Clarke 2005: 18-19）

準両立論者や一部の源泉-非両立論者は，（O）を拒否するだろう．

　多くの点で，この議題は源泉性についての論争に帰着する．行為者が自分の行為の究極的源泉であることは，道徳的責任に必要だろうか．あるいは，適度な源泉であるだけで十分なのだろうか．これは難しい問いである．一方で，もしかしたら究極的な源泉性は，認識論におけるデカルト的な確実性と類比的かもしれない．知識は絶対確実なものだと思われていた時代があった．そのうち，この知識理解のもとでは，知識の懐疑論が直ちに帰結することが明らかになってきた．知識についてのこの種の見解は棄却されるようになり，知識は誤りうるものであり，絶対確実なものではないのだという見解がそれに取って代わったのである．

　同様に，もしストローソンが示唆する理由によって，究極的源泉が不可能であることが判明したならば，究極的源泉を捨て去ってしまって，代わりに適度な源泉に焦点をあてるよう努めることができるだろう．結局のところ，私たちが自由意志をもたない理由が，不可能な種類の源泉性を，つまりどんな人間も——神でさえ——もちえないものを欠いているからだと判明したならば，どうして自由意志の欠如が多大な損失になりうるだろうか．さらに，究極的源泉の両立論的理論は不可能だという前提があるように思われるが，次節(5.1節)で見るように，そのことはまったく明らかではない．

文献案内

　フィッシャー(Fischer 1982; 1986b; 1994; 2004)，ヴァン・インワーゲン(van Inwagen 1983)，ワイダーカー(Widerker 2002)が，本章の議論の主要な出典である．操作論証の2つの最良の事例は，ペレブーム(Pereboom 1994; 2001)とミーリー(Mele 2006)にある．マッケナ(McKenna 2008)は操作論証に対する有益な応答を提示している．ゲーレン・ストローソン(Strawson 1986; 2002; 2004)の究極性論証は，クラーク(Clarke 2005)の応答も含め，探求に値する．これらの議題に関する，フィッシャー，ケイン，ペレブームとヴァルガス(Fischer, Kane, Pereboom, and Vargas 2007)の討論も検討に値するものである．

5

自由意志の諸理論

　自由意志の理論は大きく3つの陣営に分かれる．**リバタリアニズム**は，非両立論と自由意志テーゼをともに肯定する見解であり，この見解は決定論の否定を含意する．**自由意志についての懐疑論**は，自由意志テーゼを否定する見解，そして**両立論**は，自由意志テーゼは決定論と両立すると考える見解である．非両立論は両立論を否定する見解であり，リバタリアニズムと，自由意志についての懐疑論の両方を含む．これらの見解はそれぞれ，次の3つの節（5.1-5.3節）で検討する．どの見解も，自由意志の問題，そして自由意志についての懐疑論の論証に取り組むものである．ただし懐疑論者に対して，もっと繊細な仕方で応答しようとする論者もいる．そういった代替の見解についても考察する（5.4節）．そして自由意志の問題についての結論を述べ，この本を終えたい（5.5節）．

5.1　リバタリアニズム

　リバタリアニズムの中心的な諸理論は，行為論という，より広い観点から区別される（Clarke 2003; 2008; Ginet 1997）．行為論は3つの陣営に分かれるが，それは2つの異なる種類の考察にもとづいてなされる（Mele 1997b; Clarke 2003; 2008; Wilson 2009）．第1に，行為の因果説と非因果説とを区別できる．行為の**因果説**によれば，行為の説明は因果的説明である．一方，行為の**非因果説**は，行為の説明は因果的説明ではないと考える．非因果説——「理由ベースの見解」や「非因果主義」とも呼ばれる——によれば，行為は信念や欲求や意図といった心理学的な項目によって説明される．だが，この種の理由は行為を説明するかもしれないが，行為の原因ではないのだ．

　第2に，因果説の内部で，出来事因果説と行為者因果説とを分けることがで

87

きる．**出来事因果説**は，行為の説明が理由ベースだという点で非因果説に同意
するが，非因果説と異なるのは，理由は原因であるとも考える点である．他方，
行為者因果説は，行為の説明が因果的説明だという点で出来事因果説と見解を
同じくする．しかしながら，大半の哲学者は因果を出来事間の関係と考えるの
だが，行為者因果説は，いくつかの出来事は行為者によって引き起こされると
考える．行為者は出来事ではなく個体であり，行為者は自身の行為の還元不可
能な原因である．したがって，行為者因果は出来事因果に還元できない．行為
者は出来事の原因でありうる——自身の行為や行為の結果を引き起こすことが
できる——が，行為者はけっして他の出来事（あるいは出来事の集まり）の結果
ではない．本節ではリバタリアン的な因果説を，行為の非因果説をよりくわし
く検討していく中で論じていきたい．

　カール・ジネット (Ginet 1989; 1990; 1997; 2002) は，行為の非因果説を最も体系
的に——少なくとも非両立論者の観点から最も体系的に——提示している．じ
つはジネットをリバタリアンに分類するさい，私は少しズルをしている．彼は
非両立論者を公言しているが，運の問題やその他の論点をふまえて，彼は自由
意志テーゼについて不可知論的な立場をとっている．ジネットによれば，あら
ゆる行為は，基礎行為あるいは単純な心的行為 (Ginet 1990: 11)——決断や選択
——であるか，それとともに始まる．そして意図や信念や欲求などといった心
的状態は，基礎行為を説明しはするが引き起こしはしない．基礎行為は「行為
らしさの現象的質」(前掲：13)——まるで行為者がそれを生みだしたかのような
現れ——をもつため，このことは，行為者は原因であるという誤った印象を与
えるかもしれない．だがジネットによれば，行為者は自身の行為を遂行しはす
るが，引き起こしはしないのである (Ginet 1997: 208).

　ジネットにとっての重要な懸念は，『マインド』論証が提起する運の問題で
ある (Ginet 1990: 6 章). 実のところ，運の問題はすべてのリバタリアニズムの
理論にとっての厄介ごとであるように思われる．以下に示すのが，ほぼすべて
の非決定論的理論にあてはまると思われる論証の一例である．

　　もし私の単純な心的行為が原因をもたないならば，そしてもしその生起が
　　何ものにも，そしてどんな意味でも決定されていないならば，とりわけ私

によっても決定されていないことになる．だが，もし私がその生起を決定しないのだとしたら，それは私のコントロール下にはない．(O'Connor 1996: 146)

ジネットはこの問題に対する答えを手にしている．彼によれば，「行為者がある出来事 e が生じるかどうかを決定するということは，ある適切な自由な行為を遂行することによって，e が生じるようにするということである」(Ginet 1997: 208)．かくして，行為者による決定に関するリバタリアン的な説明が，非因果説に開かれることとなる．「行為が自由であることを前提すれば，単にその主体であることによって——つまり，その行為をなす当人であることによって——行為者がそれを決定するのだと言える．すなわち，すべての自由な行為は事実上，その主体によって決定されるのである」(前掲: 208)．ジネット (Ginet 1997; 2002; 2008) によれば，運の問題に対する非因果説的な応答は，出来事因果説や行為者因果説のそれよりもすぐれている．もし彼が正しければ，それは他のリバタリアニズムの理論を差し置いて非因果説を選ぶ主要な理由となるだろう．

　ジネットは自由意志の古典説を支持する．彼によれば，「行為が自由であるのは，行為の直前の時点まで，行為者にそれを遂行しない可能性が開かれているとき——つまり，行為者が別の行為をすることができた，あるいは行為せずにいられたとき——，かつそのときに限る」(Ginet 1997: 207; cf. Ginet 1990: 124)．彼は非両立論者でもある——すなわち，自由意志や自由な行為は決定論と両立しないと考える．実際ジネットは，帰結論証の第1論証の一例を提示している (Ginet 1966) し，彼の最新のバージョン (Ginet 1990: 5章) は，然るべき注目を集めていないものの，非常に精巧である．ジネットはさらに，PAP に近い次の原理を支持している．「行為者が行為について道徳的責任をもちうるのは，それが自由な行為であるときに限る」(Ginet 1997: 207; Ginet 1996 も見よ)．ジネットは古典テーゼを受け入れるので (Ginet 1990: 90)，この原理から PAP が帰結する．

　非因果説がつねに非両立論，あるいはリバタリアニズムであるとは限らない．たとえば，新カント主義的な両立論的-非因果的見解がある[18]．すべての行為

には，過去の出来事と自然法則による**因果的説明**だけでなく，行為者の信念や欲求の観点からの**実践的説明**もある．行為が決定されているかどうかは因果的説明の委細によって答えられるが，行為が自由であるかどうかは，実践的説明の委細——それは非因果的な，理由ベースの説明だ——によって答えられる（Wood 1984）．したがって，自由意志と決定論の問題は，ある種のカテゴリー・ミステイクなのである．

　新カント主義の成否は，究極的源泉性についての見解に依存するかもしれない．たとえば，はじめに述べたように，2つの究極的源泉性の見解が区別されうる（1.1節）．一部の究極的源泉性の支持者は，ひとが行為の究極的源泉であることは必要条件でしかないと考える．一方で別の論者は，行為は行為者の外部のどんな先行原因や影響ももちえないと付け加える．もちろん，この最後の条件は，両立論的理論を——あるいは少なくとも，目下のところ検討中の両立論的理論のすべてを——のっけから退けてしまうものである．もしかすると，行為者が行為の究極的な原因であるというだけで十分だと思われるかもしれない——決定論が真の自由意志を退けると考えない限りは．しかしそれは，私たちを帰結論証へと連れ戻すだけではないだろうか．

　ある行為論の理論が非両立論にコミットしているかどうかという問題は，帰結論証や操作論証の正しさや，古典-両立論のもっともらしさといった別の要因によって解決されうるように思われる．ジネットもこのことは承知のうえである．同様に，リバタリアニズムの中で理論選択をするとき，特定の理論がいかに運の問題に太刀打ちできるかを問うことができよう．

　出来事因果説——あるいは「因果的非決定論」（Kane 2001: 239），「非決定論的因果説」（Ginet 1997: 208），「出来事因果主義」などとも呼ばれる——は，理由は原因であると論じた最初の現代的哲学者の1人であるデイヴィドソンを嚆矢とする．デイヴィドソンは両立論者だが，ケインは非両立論者，それも出来事因果説を採用するリバタリアンである．ケインの仕事の際立った点は，世界の自然主義的な説明——どんな超自然的な存在や力能にも訴えない説明——に根ざしたリバタリアニズムの理論を与えているところにある．言い換えれば，ケインはリバタリアン的な自由意志についての自然主義的な見解を提供しているのである．

5 自由意志の諸理論

現代の哲学者や物理学者によれば決定論は偽だが，これは複雑かつ論争の余地のある議題である．いくつかの重要な研究（Earman 2004; Hoefer 2010）は，量子力学の整合的な決定論モデルが存在すると述べている．とはいえ，大半の哲学者や物理学者は，量子力学の非決定論的な解釈を採用している．非決定論はリバタリアンに，自由意志を自然世界の内に基礎づける機会を与える．ケインは——おそらく他のどの哲学者にもまして——この機会を活用している（Kane 1996; 2001; 2004; Fischer, Kane, Pereboom, and Vargas 2007）．

ケインは次の究極的責任の条件（UR）[1] を支持する．「行為に究極的責任をもつためには，行為者は行為の生起に十分な理由（条件，原因あるいは動機）のすべてについて責任をもっていなければならない」（Kane 2001: 224; cf. 1996: 35）[†19]．この条件からケインは，次のような「自由意志」の定義に至る——自由意志とは，「みずからの目標や目的の究極的な創造者であり保持者であるための力能である」（前掲：223; cf. 1996: 4）．この定義を見ると，ケインは源泉説をとっていると思われるかもしれないが，ジネット（Ginet 1990）と同様，ケインは自由意志の古典説をとる．ケイン（Kane 1996）は**他行為可能性の条件**（AP）[2] を受け入れるが，この条件は自由な行為者が他の仕方で行為できることを要請するものである．UR が要請するのは，「私たちの現在の性格を形成する契機となった，過去の人生の来歴における行為のどれかに関して，他の仕方で行為できたということである．この種の行為のことを「自己形成行為」，あるいは「SFA」と呼ぶことにしよう」（Kane 2001: 225; cf. 227-228）[3]．この主張によってケインは，PAP の修正版を採用することになる．すなわち，ひとが「究極的な道徳的責任」をもつのは，そのひとの「人生の来歴」における行為の少なくともいずれかについて，それとは他の仕方で行為できたときに限る（Kane 1996: 42）．最後に，ケインは，道徳的責任も究極的責任も自由意志もすべて，決定論と両立しないと考えている（前掲：4章）．

ケインの理論の中心にあるのが，自己形成行為（SFA）という概念である．彼によれば，「SFA は，何をすべきか／どうあるべきかについての競合するビジョンのあいだで葛藤するときのような，人生の困難な局面で生じる…．そうした局面で何をするべきかについて，私たちの心にはある種の緊張，あるいは不確定性が存在する．このことは，私の考えでは，脳内の当該の部位における，

91

熱力学的均衡から逸脱する運動——つまりは，脳内のある種の「混沌状態の攪拌」によって，その均衡が神経レベルでの微小な非決定性に敏感になること——が反映されたものである」(Kane 2001: 228)．こういうわけで，SFA は非決定論的であり，この非決定性は，物理世界と深く結びついている．人間の行為についてのこの説明は，行為者の理由や意図や信念や欲求に訴えるものではあるが，ケインによれば，因果的かつ自然主義的な説明である．

　感心にも，ケインはリバタリアニズムに対するいくつもの批判を考察している．はじめに，ケインが「理解可能性の問い」(前掲：226)と呼ぶ，運の問題がある．たとえば，ティモシー・オコナーは次のように問う．「ある状況下で，ある理由状態が行為の決断を引き起こす非決定論的な傾向性を発揮するが，別の理由状態はその傾向性を発揮しないということが，どうして私次第だといえるのだろうか」(O'Connor 1996: 152)．彼はこう続ける．「ある理由状態は目先の利益への誘惑を克服するが，別の理由状態は誘惑に負けてしまうということは，単に運の問題ではないのか，と批判されうるのである」(前掲：155)．ケインはこの批判を次のような仕方で述べる．「もし選択が決定されていないならば，私がハワイを選好するに至ったものとまったく同一の熟慮や，思考過程や，信念や欲求やその他の動機が——これらはほんの少しも異ならないのだ——たまたま，今度はコロラドを選ぶよう私を導いたかもしれないのである(Kane 2001: 226)．

　ケインの応答はこうである．実践的熟慮の事例は，道徳的な選択や深謀遠慮の選択とは異なり，SFA の典型例ではない(Kane 1996: 9 章)．前者の事例では，非決定論は熟慮過程のはるか前に介在している．それだから，行為者の理由がハワイを支持しているのにコロラドを選ぶことはばかげているのである[20]．

　マーク・バラガー (Balaguer 2010)は，ケインの見解をモデルにしたリバタリアニズムの理論を展開している．といっても，彼は理論を展開しているだけであって，必ずしもそれを支持するわけではないと明言しているのだが(前掲：69)．バラガーの理論は 2 つの本質的な要素をもち，それらは相互に関連している．1 つは **TDW-非決定論**[4]，すなわち「私たちの葛藤下での決断の中には，選択の時点で完全に非決定論的なものがある」(前掲：78)というテーゼである．もう 1 つは，葛藤下での決断という概念である．バラガーによれば，「も

92

し葛藤下での決断がTDW-非決定論が述べる意味で完全に非決定であるなら
ば」，その決断は次の理由からL-自由（リバタリアン的な自由）である．すなわ
ち，「(a)決断はL-自由であるに十分なくらい合理的であり，(b)行為者がその
決断の担い手でありかつ決断に対してコントロールをもっており，(c)非決定
性が担い手性やコントロールを増大もしくは提供しており，(d)行為者がもつ，
非決定性によって増大された担い手性やコントロールは，望むに値するもので
ある」（前掲：119）．したがって，L-自由は本質的に非決定論的な，望むに値す
る自由である．しかしバラガーは，L-自由が道徳的責任に必要であるという
主張にはコミットしていないものの，次のように述べる――もし私たちがL-
自由をもっているならば，行為の道徳的責任に必要な種類の自由をもっている
ことになる．私たちがL-自由をもつかどうかという問いは，葛藤下での決断
が適切な仕方で非決定論的であるかどうかという経験的問いに帰着するのであ
る．

　葛藤下での決断は，2つの主要な現象学的な構成要素をもつ．第1に，行為
者は「2つ以上の選択肢についてそれぞれを支持する理由をもつが，どの理由
が最も強いかについて葛藤を感じている．つまり，諸理由をふまえてどの選択
肢が最善かについて，どんな意識的な信念ももっていない」．さらに，行為者
は「この葛藤を解消しないまま決断する――つまり，彼は「ただ単に選択す
る」という経験をする」（前掲：71）．葛藤下での決断は，ビュリダンのロバ的な
決断，つまり，「等しく最善な各々の選択肢の理由が同一であるような事例」
（前掲：72）とは正反対である．それはたとえば2つの干し草の山に対して等し
い欲求をもつような場合であるが，そのような事例では，「行為者はどの選択
肢が最善かをめぐる葛藤を感じることはない」（前掲：73）．葛藤下での決断はケ
インのSFAと類似しているものの，いくつか言及に値する違いがある（前掲：
73ff.）．

　カギとなるのは，葛藤下での決断とは，「もし決断が選択の瞬間に非決定で
あるならば…，L-自由である」（前掲：68）ようなものだということである．そ
うである理由は，もし葛藤下での決断が適切な仕方で非決定であるならば，そ
れは(i)「適切な仕方で非偶発的」であり，(ii)「当該の非決定性は適切な非偶
発性を増大する／提供する」（前掲：68）からである．バラガーは，「もし葛藤下

での決断が選択の瞬間に非決定であるならば，(i) と (ii) は真である」(前掲：69)
と述べる．まさにこの理由から，「リバタリアニズムが真であるかどうかという問いは単純に，適切な仕方で非決定な葛藤下での決断が存在するかどうかという問いに還元され」(前掲：69)，それは「ある神経レベルでの出来事が非決定であるか否かについての」(前掲：70)経験的な問いである．

出来事因果説のリバタリアニズムはさらに，対比的説明の問題に直面する．**対比的説明**とは，「c が e^* ではなく e を引き起こす」(ここで c, e, e^* はすべて出来事)といった形式の説明である．e を裁判官が挙手するという出来事，e^* を裁判官が右手を下げたままにしておくという出来事としよう．e は SFA であり，c によって説明されるとしよう．言い換えれば，c が e を引き起こしたことは，なぜ e が生じたのかを説明するのである．e は裁判官が挙手するという行為(あるいは，裁判官が挙手することを試みる／意図するという，より基礎的な行為)であるので，c が e を引き起こしたことは，なぜ裁判官が挙手したのかを説明する．だがここで，c は e を引き起こしてはいるが，c は e を因果的に決定してはいないとしよう．すると，たとえ c が e を引き起こしたことがなぜ e が生じたかを説明するとしても，なぜ e^* でなく e が生じたのかについての対比的説明はまったく存在しない．かくして私たちは，運の問題へと連れ戻されることになる．

最後に，**行為者因果説**──「行為者因果主義」，「行為者性説」，「リバタリアン的な行為者性説」とも呼ばれる──を考察しよう．自由意志についてのこの見解は，少なくとも 18 世紀スコットランドの哲学者，トマス・リード (Reid 1983)にまで遡ることができる．20 世紀になって，C. A. キャンベル (Campbell 1951; 1957)，リチャード・テイラー (Taylor 1963)，ロデリック・チザム (Chisholm 1964)らによって行為者因果説は復興を遂げ，その流れは今でも強く残っている (O'Connor 2000; Clarke 2003)．まずは旧リバタリアン的な行為者性説からはじめよう．この理論は 5 つの本質的な特徴をもつ (cf. Clarke 1996: 274-276)．

1. 行為者因果はひと(行為者)と出来事(行為)とのあいだの関係である．
2. 行為者は行為の原因であるが，この因果関係は出来事因果には還元されえない．行為者は出来事(の集まり)ではないからである．

3. 引き起こされうるのは出来事だけなので，行為者は何ものによっても行為するよう引き起こされはしない．

4. 行為者によって引き起こされる行為は決定されていない，つまり，行為は過去の出来事と自然法則からの帰結ではない．

5. 行為者によって引き起こされる行為は出来事因果をもたない．

旧リバタリアン的な行為者性説のこれらの特徴をよりくわしく見ていこう．

特徴(1)によれば，行為の原因は単なる出来事だけではなく，行為者でもありうる．通常，因果は出来事間の関係と理解されるので，出来事以外の何かが因果的な役割を果たすという考えは多くの哲学者にとって奇妙なものである．とはいえ，特徴(2)によれば，行為者因果はプリミティブな関係——つまり，出来事因果関係には還元しえない関係——とみなされる．特徴(3)が述べるように，行為者は何かを引き起こしはしても，何かによって引き起こされはしないので，因果連鎖——つまり，世界内の出来事の完全な歴史——の中での行為者の役割は限定的である．特徴(4)は，すべてのリバタリアニズムの理論に必須の，非決定論の要請にすぎない．

クラークは，特徴(5)について，旧リバタリアン的な行為者性説と意見を異にする．特徴(5)によれば，行為者はつねに行為の完全な原因である．特徴(5)をふまえると，すべての自由な行為はSFAのようなものである．この主張は運の問題に直面するために問題含みである——というのも，この見解のもとでは，「自由」が「決定されていない」や「偶発的である」以外の何を意味するのかが明らかでないからだ．だがそれだけでなく，世界内の出来事が私たちのなすことに影響を与えるのがどのようにしてかを説明できない，という点でも問題含みである．決定論の場合のように完全な物語を語ることができないため，特徴(5)によって行為の説明は世界やその影響から孤立してしまう．そのことが示唆するのは，自由な行為はまれなものであるか(Campbell 1951; 1957; cf. van Inwagen 1989)，さもなければ神秘的で説明不可能なものだ(Chisholm 1964)ということである．いずれにせよ，好ましい結果ではない．

クラークは，人間の行為を因果連鎖の中に組み入れつつ，行為者の特権性を維持する方法を模索する．彼の折衷案は，特徴(1)～(4)を受け入れつつ，(5)

を拒否するというものだ．この新リバタリアン的な行為者性説によれば，行為者は自由な行為を引き起こすが，行為者自身は結果ではない．行為は行為者の影響を受けるが，他の出来事の結果でもある．私たちはみずからの行為の原因だが，私たちをとりまくものごとも行為に影響を与える．もちろんこれらの主張は万人が受け入れるものだが，クラークの見解はそれ以前のリバタリアン的な行為者性説よりもうまくこのことを説明するのである．

　残念ながら，行為者因果説も対比的説明の問題に直面する．ジネットは次のように述べる．「行為者それ自体は，なぜある出来事がほんの少しだけ異なる別の時間ではなく実際の時間に生じたのかを説明できない．それに，なぜそのときに別の出来事でなくその特定の出来事が生じたのかも説明できない」(Ginet 1997: 214)．ジネットの最初の事例は，2つの異なる時点に生じる同じタイプの出来事を対比しており，2つ目の事例は上述の対比的説明の事例と類似している．クラークもこの批判の効力を認識している．「行為が行為者によって引き起こされているかどうかにかかわらず，行為に対する合理的な対比的説明——「なぜあのリンゴでなくこのリンゴを選んだのか？」という質問に答える説明——は存在しないだろう」(Clarke 1993: 206)．

　ちょうどクラークが特徴(5)を行為者因果説にとって適切ではないと考えたように，特徴(4)の重要性に疑問を覚える向きもあるかもしれない．マーコシアン(Markosian 1999)は，**両立論的な行為者因果説**を推進する．それは特徴(4)を拒否する点を除けば，クラークの理論と似ている．この説はリバタリアンの理論に対して興味深い批判を提起する．すべてのリバタリアンの理論は運の問題に直面する．しかしその問題は一見すると，両立論によって解決される．というのも，両立論者は対比的説明を説明することができるからだ．もしかすると，マーコシアンの見解と上述の新カント主義の組み合わせがまさに両立論が追い求めているものかもしれない．

　最後に，**新実存主義**を紹介しよう．この世界は実在についての2つの根本的に異なる側面をもっているとしよう．つまり，対自と即自である(Sartre 1956; Levy 2002)．対自とは，主観的観点からの世界理解——自由な行為者を含む世界理解——にもとづくものであり，即自とは，客観的観点からの世界理解——物質と虚無しか存在しないという世界理解——にもとづく．それぞれの側面は，

世界内の出来事を独自の仕方で説明する．**出来事ベースの説明**は，すべての出来事を，世界についての完全な記述と自然法則とに言及して説明する．行為についての**行為者因果的説明**は，対自の観点から与えられる．信念や欲求は行為に影響を与えるが，行為の説明は私たちの事実性には還元できない──それらは私たちについての諸事実には還元できないのである．その諸事実は信念や欲求だけでなく，私たちの周りのさまざまなものごとも含む．出来事ベースの説明と行為者因果的説明はともに因果的説明だが，それらは異なる観点から理解された，異なる種類の因果的説明である．一方の説明は他方には還元できないのである．

　もちろん，以上のことはリバタリアニズムと対立するわけではない．せいぜいリバタリアニズムに対してオッカムの剃刀タイプの批判を与えられるぐらいだろう．つまり，非両立論を要請する任意の理論は，さらに1つ多くの必要条件を要請している点で，それを要求しない理論よりも複雑である．したがって，他のすべての点が同じならば，リバタリアニズムよりも両立論をとるべきだ，という類の批判である．しかしこの批判は他のすべての点が同じであるということ，つまり，（道徳的責任についての）非両立論の論証のすべては正しくないということに依存する．

5.2　自由意志についての懐疑論

　啓蒙の時代から20世紀に至るまで，大半の哲学者は決定論者であった．そういうわけで，自由意志についての懐疑論の最もポピュラーな形式は，**強硬な決定論**──決定論は真であり，かつ決定論は自由意志と両立しないため，だれも自由意志をもたないという見解──であった．この見解の最初期の支持者は，17世紀の哲学者，バールーフ・スピノザである．スピノザは2つの異なる点で一元論者であった．第1に，彼は二元論者と対置される意味で一元論者であった．スピノザは，魂と身体という2つの種類の実体が存在すると主張する二元論とは対照的に，たった1つの種類の実体しか存在しないと考えたのである．第2に，彼は多元論者と対置される意味で一元論者であった．彼は，多くの実体が存在すると考える多元論者とは異なり，たった1つの特定の実体しか存在

97

しないと考えていたのである．その唯一の実体は，次の2つの属性のいずれかを通じて理解される．思惟属性を通じて理解されるとき，その実体は「神」と呼ばれ，延長属性——空間において延長しているという性質——を通じて理解されるとき，それはむしろ「自然」と呼ばれることとなる．自由意志についての懐疑論者であることにくわえて，スピノザは汎神論者であった．彼は文字通りに，神はすべてのものであり，神でないすべてのものは神の属性ないし本質的性質が変化した状態であると考えていたのである (Spinoza 1677, A1).

スピノザは決定論だけでなく，**必然主義**——すべての真な命題は必然的に真であるという見解 (Bennett 1984; Garrett 1991) ——をとっていた．スピノザの非両立論の議論は簡潔かつ魅力的である．

- 「もっぱら自己の本性の必然性によって存在し，もっぱら自己自身によって行動を決定づけられる存在が，自由であると言われる」(前掲 I. D7).
- 「神のみが自由な原因である」(前掲：I. P17).
- したがって，神以外の何ものも「自由な原因とは言われず，ただ必然的な原因と言われる」(前掲：I. P32).

必然的な存在者であり (前掲：I. P11)，その属性も同様に必然的である (前掲：I. D4) 神の本性から生じるすべての出来事，そしてすべての真な命題は必然的に帰結する．以下に示すのが，自由意志についての最も有名なスピノザの引用だ．

> …ひとはみずからを自由であると考える．それは，みずからの意志や欲求を意識しているが，夢の中においてさえ，みずからが欲求する／意志するよう傾向づけられることの原因について考えはしないからである．なぜ考えないかというと，[それらの原因について]ひとは無知だからである．
> (前掲：I. Appendix)

スピノザによれば，人間は自由意志——それは究極的源泉性を要請する——を欠いてはいるが，それでも人間は，自由の一種である至福を得られる．行為の原因が行為者と自身の知識のうちに存しているとき，彼は行為の十全な原因で

ある．そうでない場合は，行為者は部分的な原因でしかない(Nadler 2009)．至福とは，ひとが自身の行為すべての適切な原因となった状態のことである．

量子力学が登場して以来，現代では決定論を，ましてや必然主義をとる哲学者はほとんどいない．ただその中でも，テッド・ホンデリックは決定論を支持し，決定論を理由として自由意志テーゼを退ける(Honderich 1988; 2002; 2004)．「両立論と非両立論のあと」(Honderich 2004)という論文でホンデリックは，両立論と非両立論はともに誤りである(！)という驚くべき主張を強力な仕方で論じている†21．両立論も非両立論もともに，自由意志についての確固たる理解——あるいは道徳的責任に必要な重要な種類の自由についての重要な理解——をもっていると主張するが，ホンデリックによれば，それははっきり誤りである．リチャード・ダブル(Double 1996)と同様に，ホンデリックは，自由意志という概念は不整合であると論じる．というのも，過去の人生を反省することで決定論が確信されるが，私たちの反省がもたらす道徳的責任についての見解は，非決定論に依存するように思われるからである．

ここで2つの密接に関連する見解を慎重に区別する必要がある．1つは自由意志についての懐疑論，つまりだれも自由意志をもたず，自由意志テーゼは偽であるとする見解である．他方で，不可能主義，つまり自由意志テーゼは単に偽であるだけでなく不可能である，とする見解がある(Vihvelin 2008)．同様に，道徳的責任についての懐疑論者はだれも道徳的責任をもたないと考えるが，**道徳的責任についての不可能主義**はさらに進んで，道徳的責任をもつことは不可能だ，と主張するのである．

例として，ペレブームとゲーレン・ストローソンの見解を比較してみよう．ペレブームは**強硬な非両立論者**である．すなわち，決定論も，最も真でありそうな種類の非決定論も，道徳的責任の最も強い自由の条件と両立しないと考える(Pereboom 1994; 2001)．ペレブームは，リバタリアン的な行為者因果が道徳的責任に必須であり，かつ行為者因果の可能性は私たちの確実な知識によって排除されるわけではないと考える．しかし，最も真でありそうな種類の非決定論をふまえると，リバタリアン的な行為者因果は存在しない(Pereboom 2001: 2章，3章)．リバタリアン的な行為者因果は可能なので(Pereboom 2006)，ペレブームは自由意志についての懐疑論者ではあるが，自由意志と道徳的責任の不可

能主義者ではない．他方ストローソンは，自由意志は究極的源泉性を要請するが，究極的源泉性は不整合であると考える——つまり，不可能主義をとる．

ソール・スミランスキー（Smilansky 2000）も自由意志についての懐疑論者だが，次の2つの「ラディカルな提案」を支持する点で，大半の自由意志についての懐疑論者と異なる．第1に，スミランスキーは部分的に両立論者であり，「根源的二元論」を支持する．それは，両立論と強硬な決定論の双方から，部分的な真なる洞察を組み合わせようとする見解である．第2の提案は，一般的に言って，自由意志についての懐疑論を受け入れるよりも，自由意志の幻想のもとで生きるほうがよい，というものだ．というのも，自由意志についての懐疑論の諸帰結（たとえば，私たちは真の正義や根底的な道徳的価値をもつことができない，といった帰結）はとても受け入れがたいものだからである．これが幻想主義である[†22]．

残念なことに，自由意志に関する悪い知らせは，自由意志はないということだけではない．スミランスキーによれば，現代の大半の哲学者は，行為に対する究極的コントロールの欠如についての根本的な問題をもっぱら無視してきた．唯一の抜け道が幻想に訴える解決なのである．ヴァン・インワーゲン（van Inwagen 1998）は，ノーム・チョムスキーとコリン・マッギンに追随して，私たちは自由意志の問題を解決するために必要な認知的技能を欠いているのかもしれず，そのことが自由意志の問題が永らく続いてきたことを説明するのだ，と主張した．スミランスキーはさらに進んで，私たちの抱える困難は，自由意志の問題とともに生きていくことだ，と述べる．真実は受け入れるにはあまりに過酷なものだからだ．

自由意志についての懐疑論の帰結は何だろうか．じつは予期されるほどには悲惨なものではない，と考えるひともいる．ペレブーム（Pereboom 2001）によれば，だれも称賛や非難に値しないものの，何かをすることが許されるとか義務であるとかと言う余地はある．さらにペレブーム（Pereboom 2008）は，熟慮は決定論の信念と両立する，とも考える．ゲーレン・ストローソンによれば，自由意志についての懐疑論を受け入れることは「同情という感情と完全に両立する」（Strawson 1986: 120）．タムラー・ソマーズ（Sommers 2007）は，自由意志についての懐疑論は愛が存在する余地を残すと考える．ベン・ヴィルハウアー

100

5　自由意志の諸理論

(Vilhauer 2009)は，自由意志についての懐疑論は相応の賞罰に関する主張——称賛や非難に値するといった判断——の基礎を損ないはしないと論じる．もしかすると，自由意志についての懐疑論のもつ含意は，はじめ私たちが思うよりも壊滅的ではないのかもしれない．他方で，そのような楽観的な見解は，自由意志なき世界のもつ含意を十全に認識できていないのかもしれないが．

5.3　両立論

　両立論とは，自由意志テーゼと決定論テーゼは両立する，という見解である．本節では両立論をより広い文脈のもとで論じる．**道徳的責任についての両立論**とは，道徳的責任をもつひとが存在するという主張と決定論は整合する，という見解である (4章)．「自由意志」の意味をめぐっては異論があるため，すべての道徳的責任についての両立論者が，（自由意志についての）両立論者でもあるわけではない．準両立論は，ある種の自由——たとえば他行為能力——は決定論と両立しないが，道徳的責任と決定論は両立する，と主張することを思いだそう (2.2節)．本節では，両立論だけでなく，道徳的責任についての両立論についても考察する．

　論争の黎明期には，両立論と道徳的責任についての両立論という区別は重要ではなかった．フランクファート (Frankfurt 1969)が登場するまで，古典–両立論が支配的な両立論だったのである．古典–両立論の影響力のある支持者の1人がG. E. ムーア (Moore 1912)であった．ムーアによれば，非両立の論証は，多義性の誤謬を犯している．次の，簡略版の帰結論証を考えよう (cf. 前掲：89)．

1. もし自由意志をもつひとがいるなら，他の仕方で行為できるひとがいる．
2. もし決定論が真なら，だれも他の仕方で行為することができない．
3. したがって，もし決定論が真なら，だれも自由意志をもたない．

ムーアは，この論証で「できる」(able)という語は，定言的な他行為能力と仮言的な他行為能力のあいだで多義的だ，と主張する (cf. 前掲：90-91)[23]．

101

ウィリアム・ジェイムズは，定言的な他行為能力について素晴らしい説明を与えている．ジェイムズが——あるいはだれでもよいのだが——講義のあとでどの道を通って家に帰るかについて真の選択をもつ，とは何を意味しているのだろうか．

　　それが意味するのは，ディヴィニティ大通りとオックスフォード通りの両方が候補だが，そのどちらか1つだけが選ばれるということだ．さて，この私の選択のあいまいさが実在的であるという可能性を真剣に考えてみよう．つまり，不可能な仮定だが，その選択は2回行われ，私はそれぞれ異なる道を選んだとしよう．こう述べ直すこともできる——私ははじめディヴィニティ大通りを歩いたのだが，その過程のすべてを含む10分ほどの時間を超常的な力が無効化し，ちょうど選択を行う前の，講堂の玄関前まで私を連れ戻すとしよう．すると，すべてのものごとは1回目と同じなのだが，今度は異なる選択をし，オックスフォード通りを歩くのだ．（James 1956: 44）

定言的な他行為能力の最良の説明は，関連事実説である（Campbell 2005）．関連事実説によれば，S が他の仕方で行為できるのは，S の他の行為が関連する事実と両立するときに限る（cf. Lewis 1976; 1997）[5]．**広義の過去**とは，「過去と自然法則を合わせたもの」（Finch and Warfield 1998）である．ジェイムズの一節の1つの解釈にもとづくと，選択をもつことは，所与の広義の過去のもとで他行為能力をもつことを含意する．t を，S の選択の前のある時点——たとえば，上記の時間の無効化の直前の時点——とし，Y_t を，t に相対的な，広義の過去についての命題の集合としよう．もし S が定言的な他行為能力をもっているならば，S が他の仕方で行為することは Y_t と両立する．これが，他行為能力の**非両立論的な基準**である．

　非両立論的な基準は，他行為能力の必要条件を特定しているにすぎないので，分析とは呼べない．それでもこの基準は，ペリーの強い能力理論（3.1節）のような，リバタリアン的／非両立論的な能力についての見解の中心的な特徴をとらえている．ムーアは，非両立論的な基準が要請する**定言的能力**は，決定論下

では不可能であることを認める．しかし彼によれば，それは自由意志に関連する種類の能力ではない．むしろ，「できる」には2つの意味があり，帰結論証は多義性の誤謬を犯しているのだと主張する．ムーアの実際の分析ははるかに複雑なのだが[24]，歴史的に彼の見解は**仮言的分析**として理解されている．すなわち，「Sは他の仕方で行為できた」は，「もしSが他の仕方で行為することを意志した（選択した／望んだ）ならば，Sは他の仕方で行為しただろう」を意味する，という分析である．**仮言的能力**は決定論と両立する．なぜなら，この種の能力は，ものごとが異なっていたら異なる行為が結果したであろう，という主張にしかコミットしないからである．

　残念ながら，仮言的分析は明白で決定的な反例に直面することとなる．これがレーラーによる有名な反例である．

> ひとがある行為を意志しない／選ばない／引き受けないことの結果として，何らかの能力を失うかもしれないということは，論理的に可能である．たとえば私があめ玉の入ったボウルを手渡され，その中に赤いあめ玉があるとしよう．私はその種のあめ玉に対して病的な嫌悪を抱いているので，赤玉を選ぶことはしない（その色は血のしずくを想起させるのだ）．しかし，次のように想定することは論理的に整合的である——もしその赤玉をとることを選んだならば，私はそれをとっただろうが，実際には選ばなかったので，私は赤玉に触れることはできない．つまり，私はそう選んだときに限り赤玉をとることができるが，病的な嫌悪のために，私は自分をその選択に仕向けることはできなかった．私はそう選んだときに限りそれをできたが，実際にはそうすることを選ばないのである．(Lehrer 1968: 31-32)

もしこの例の行為者が赤玉をとることを選んでいたら，それをとっていただろう，という条件文は真である．しかし，彼はその選択をなすことができなかったことをふまえると，彼はその赤玉をとることができなかったことが帰結するように思われる．このことは，対応する条件文が真であるときにはつねに能力文が真になると主張する仮言的分析に反する．

　2つの結果——「できる」の仮言的分析の失敗と，フランクファート事例の

成功(2.2-2.4節)——によって，一部の両立論者は，自由意志の古典説を捨て，代わりに源泉-両立論に与するようになった．2つの源泉-両立論の路線——おそらく最も影響力のある路線——が詳細な検討に値する．1つ目の見解は，道徳的責任に関連する種類の自由を，理由応答性として理解する．もう1つは，自由を，自己承認の観点から理解しようとする見解である†25．両方の路線がフィッシャーによって展開されているので，彼の見解をよりくわしく論じることからはじめよう．

　フィッシャーは準両立論者であり，帰結論証の一例を擁護する(Fischer 1994: 5章)．さらに彼はPAPを否定し，多くの点——たとえば他行為能力は決定論と両立しないといった主張——について古典-非両立論者に追随する．PAPが偽であるので，他行為能力は道徳的責任に必要ではない．フィッシャーは，決定論と両立しない種類の自由／コントロール——**統制コントロール**——が存在することを認める．統制コントロールは他行為能力を必要とするのである．しかし統制コントロールは道徳的責任に必要ではない．フィッシャーによれば，道徳的責任に必要な種類の自由／コントロールは誘導コントロールであり，これは決定論と両立し，他行為能力を必要としない．フィッシャーはまた，4.1節で論じた直接論証の挑発的な批判者でもある(Fischer 2004)．

　行為者が**誘導コントロール**をもつのは，彼の行為が，適切に理由応答的なメカニズムから発しており，そのメカニズムが行為者自身のものであるとき，かつそのときに限る．道徳的に有責的な行為は，適切な来歴を必要とする．つまり，メカニズムの所有者性を必要とするのである(4.2節)．フィッシャーは穏健な両立論者である．フィッシャーによれば，道徳的責任に必要で，最も特筆すべき自由に関連する力能は，適切な理由応答性である．**適切な理由応答性**は誘導コントロールの一種であり，「行為者は，規則的な仕方で理由——そのうちのいくつかは道徳的理由である——に受容的であり，少なくとも弱い意味で理由に反応的であるようなメカニズムにもとづいて行為する[6]」ことを要請する(Fischer and Ravizza 1998: 82)．適切な理由応答性は，行為者と行為のあいだの適切な関係，すなわち，行為が行為者の理由にもとづいていることを保証してくれるように思われる．何人かの論者によれば，フィッシャーの理論の古典説に対する利点は，他行為能力にコミットすることなく，行為者と行為のあい

だのつながりを保持している点にある．この点については後で少し戻ってこよう．

　幾人もの哲学者が，自己承認に注目している．たとえば，責任の引き受けという概念がある．フランクファートによれば，「ひとがみずからの性格に責任をもつかどうかという問いは，彼がみずからの性格に対する責任を引き受けているかどうかという問いと関係する．当該の傾向性を——それが行為者自身による創始や因果的な行為者性に依拠するか否かを問わず——彼が自己承認し，そうして自分の意志で，自身のありかたを構成するものとしてみずからの内に組み入れるかどうか，それが問題なのである」(Frankfurt 1987: 171-172)．同様にサルトル(Sartre 1956)も，ひとの性的志向——同性愛者であるか異性愛者であるか——に対する責任について，自身のありかたに対する責任を引き受けること，そしてそれを単なる所与ではなく，自分自身のものとして受容することという観点から語っている．自己承認という考えは，フランクファート(Frankfurt 1987)だけでなくフィッシャーの見解においても，重要な役割を果たしている．

　フランクファート(Frankfurt 1969; 1971)は，スーザン・ウルフ(Wolf 1990)が根底的な自己説と呼ぶ見解の主な支持者である．フランクファートは一階の欲求と二階の欲求とを区別する．二階の欲求とは，ひとがもちたいと望む一階の欲求についての欲求である．たとえば，私はハンバーガーを食べたいという一階の欲求をもつかもしれない．だが私の妻は菜食主義者で，私が肉を食べるといつも機嫌を損ねるとしよう．この場合，私はさらに，その欲求をもちたくないという二階の欲求をもつことになる．私はその欲求を断ち切ろうとしさえするかもしれないし，少なくともそれをコントロールしようとはするだろう．すなわち，私は自分の行為を，みずからの二階の欲求に合致させようと試みるのである．もしこの努力に成功したら，私は意志の自由をもっていると言える——これはフランクファートによれば，意志したいときにいつでも意志する能力である．私はただ単に自分の一階の欲求に振り回されているのではない．私のより根底的で，より個人的な二階の欲求をコントロール下に置いているのだ．

　フランクファートは，ひとはみずからの二階の欲求の究極的源泉であると論証しようとしているのではない．自身の二階の欲求に対するコントロールをも

っており，自身の行為や一階の欲求が適切な仕方で組織されていることこそが重要なのである．彼の焦点は，欲求の起源ではなく，欲求の組織化にある．有責的な性格をもつことと，自分の性格に責任をもつことのあいだには違いがある[7]．フランクファートとは対照的に，フィッシャーは自己承認ではなく，所有者性を要請する．

とはいえ，所有者性についても懸念は存在する．トマス・ネーゲルはその懸念を次のように表現する．「ひとは自分がすることにだけ道徳的責任をもちうる．しかし彼のすることは，その大部分が，彼がしたことではないものからの産物である」(Nagel 1976: 8)．ネーゲルはこれを道徳的責任のパラドックスとして提示する．私たちがすることは，私たちの性格の産物である．私たちは自分の現在の性格に対してある程度の影響を与えることはできるかもしれないが，最終的には，私たちの性格はみずからの外側にある要因，すなわちコントロール外の要因に影響されているように思われる．

ネーゲルの見解に大きな影響を受けて，ウルフは類似した，そしてより発展したパラドックスを提示する．

> …行為者の意志は，完全に，そして根底的に彼女自身のものであるわけではない．なぜなら，その意志の内実は，彼女自身にとって外的な力や，他者や，出来事によって完全に決定されているからである．しかし，もし行為者の意志の内実がそのように決定されていないとしても——つまり，もし彼女の意志が，部分的に偶発的な出来事の産物であるか，あるいはなまの，説明不可能な事実にすぎないとしても——このことによって彼女の意志がより十全に，そして根底的に彼女自身のものになるとはとても思えない．実際，窃盗癖の事例を思い起こせば，行為者の意志が他の何かによってコントロールされているか，それとも何にもコントロールされていないかということは関係がないように思われる．(Wolf 1990: 13)

単純化のために，実際にウルフがそう考えているというわけではないが，行為者の性格と行為者の意志の内実を同一視しよう．ウルフが述べるように，たとえ私たちの性格が完全には決定されていないとしても，自身の行為についてよ

106

り責任をもつわけではない．重要なのは，性格が私たち自身によって決定されていなければならないということだが，これは不可能であるように思われる．結局のところ私たちは，性格の形成に因果的に関連している，私たち自身にとって外的な要因に行き着くことになるのである．

ネーゲルが示唆するところでは，これは真の行為者性の問題，つまり因果と因果連鎖の問題でもある．はじめ私たちは，行為者が行為の原因であるがゆえに，彼はその行為について責任をもつとみなす．しかし明らかに，彼がそれをしたのは，彼がそのような人格であり，特定の性格をもっており，特定の状況に置かれていたためである．それならば，因果連鎖をさらに遡っていけるのではないだろうか．ひとたびこの一歩をふみだすと，行為者が偶然的で有限な存在である限り，最終的に行為者にとって外的な出来事に訴えざるをえないことに思い至る．ひとはいかにして行為に責任をもちうるのだろうか．これは，操作論証（4.2節）や究極性論証（4.3節）で明らかになった類の懸念である．源泉説が道徳的責任に必要とされる源泉性を確保できているかどうかは——特に究極的源泉性が要請されるのならば——明らかではない．

この理由（他の理由もあるが）のために，古典 - 両立論はまだ終わった立場ではない．仮言的分析は，より洗練された自由意志の説明へと進展を遂げた．たとえば，「できる」の可能世界分析（Lehrer 1976; Horgan 1979），「できる」の文脈主義的扱い（Lewis 1976, 1997），そして「できる」の傾向性分析（Vihvelin 2004）である．可能世界分析はこの本の射程を超えてしまうが，文脈主義と傾向性主義は注目に値する．

上述の関連事実説を思いだそう．文脈主義は意味論的理論，すなわち，命題ではなく文の意味と真理についての理論である．したがってまずは，関連事実説を文に定位して定義しなければならない．「S は他行為能力をもつ」が真であるのは，S が他行為能力をもつことが，関連する事実の集合と両立するときに限る（Lewis 1976; 1997）．「S は a をすることができる」という形式の文を，**能力帰属文**と呼ぶことにしよう．**文脈主義**とは，能力帰属文の真理条件が，文が発話される文脈に応じて変化するという見解である（Unger 1984; DeRose 1992; 1999）．文脈主義はいま認識論で流行中の理論であり，とりわけ「ジョーは自分に頭があることを知っている」といった文に現れる「知る」という語（およ

びその類語）の分析に用いられている．「できる」や「自由な行為」，その他の自由意志の論争に関連するさまざまな語についても，これまでに文脈主義的な分析が与えられてきた[26]．

ルイスは，祖父のパラドックス（1.3節）に応答するさい，「できる」の文脈主義的分析を提示している．祖父を殺すために，自分の両親が生まれる前の時点までタイムトラベルをしたティムを思いだそう．ティムは祖父を殺すことに失敗するだろう——そうすることは矛盾を導いてしまうから——が，ティムは祖父を殺すことができるだろうか．ルイスはこう書いている．

> ここに一見した矛盾がある——「殺害に必要な要件をそろえているので，ティムはそうしなかったが，することができる」と，「過去を変えるのは論理的に不可能なので，ティムはそうしなかったし，することもできない」とのあいだの矛盾である．私は，ここには何の矛盾もないのだと応答する．2つの結論はともに，そこで挙げられた理由のために真である．それらが両立するのは，「できる」が多義的であるためである．（Lewis 1976: 77）

以下に示すのがセオドア・サイダーからの有益な引用である．

> ルイスのアイデアは，「ティムは祖父を殺すことができる」のような能力帰属の言明は多義的だというものだ．この言明が意味するのは「ティムによる祖父の殺害はある事実の集合と両立する」ということだが，その関連事実の集合は発話の文脈ごとに異なりうるのである．殺害に必要な要件をそろえているのでティムは祖父を殺すことができると言うとき，私たちは，祖父の殺害は，殺害の状況に関する比較的「局所的」な事実だけを含む事実の集合と両立する，ということを意味している．他方，まさしくティムの祖父なのだからティムは祖父を殺すことができないと言うとき，祖父の殺害は，祖父が青年時代を生き延びてティムの誕生に貢献したという事実を含む，より包括的な事実の集合と両立しない，ということを意味しているのである．（Sider 1997: 143）

ルイスとサイダーによれば，能力帰属文の真理条件は，その文が発話される文脈に応じて変化する．ゆえに，「ティムは祖父を殺すことができる」という文の発話は，局所的な事実しか考慮されない通常の文脈では真になりうるが，大域的な事実が考慮に入れられる哲学的な文脈では偽になりうるのである．以上のような文脈主義の理解のもとでは，「できる」はつねに同じことを意味する．文脈ごとに異なるのは——文脈主義が正しければ——関連するとみなされる事実の集合であって，「できる」の意味ではないのだ（Perry 1997; cf. Perry 2001: 17-18）．

文脈主義はムーアの見解と対照的である．ムーア（Moore 1912）は「能力がある」や「できる」の仮言的意味と定言的意味を区別する．後者は非両立論的な基準によって選びだされ，前者はたいてい仮言的分析——もし S が他の仕方で行為することを意志した（選択した／望んだ，等々）ならば，S は他の仕方で行為しただろう——と同一視される．ムーアは，「できる」には2つの異なる意味があると考えており，この点で彼の見解は，文脈主義のものとは区別されるのである．

文脈主義は，非両立論的な基準の一種を容認するものの，両立論的な理論である．S が a をするとしよう．S は他の仕方で行為できただろうか．文脈主義者によれば，通常の文脈ではその答えは「イエス」である．なぜなら，この文脈では，局所的な事実にしか注意が払われないからである．もし S の他の行為がその事実の集合と両立するならば，S は他の仕方で行為できたと言える．たとえ決定論が真であり，S の他の行為が広汎な過去についての事実のすべてと両立しないとしても，そのことは言えるのである．同一の行為が自由でありかつ決定されていることがありうると認めるので，文脈主義は両立論的な理論である．行為が決定されているという事実は行為者を不自由にするには十分ではないが，もしより広い事実の集合に注意を向けるならば——たとえば，広汎な過去に関する事実と決定論の真理について不意に思考を巡らせるならば——文脈は変化し，その新たな文脈のもとでまったく同一の能力帰属文の発話が偽となるのである．したがって，文脈主義者は非両立論的な基準の1つを認める——もし S の行為 a が広汎な過去に関する事実と両立せず，それらの事実が

109

適切にも無視されないならば，S は a をすることができない (Hawthorne 2001: 74).

　傾向性主義は，自由意志は傾向的力能の集まりだと考える見解である．力能とは，可燃性や，可溶性や，割れやすさなどのことである．興味深いことに，傾向的力能は，ひとたび条件文分析と呼ばれる見解を前提すると，仮言的分析に近いものになる．だがこの分析にも反例が存在する．たとえば，「X が割れやすい」とは「もし衝撃が与えられたら割れるだろう」を意味するのだと言いたくなるかもしれない．しかし，ある魔法使いが，もしグラスに衝撃が与えられたら，呪文を唱えてグラスを割れないように変えてしまうとしよう (Martin 1994)．するとグラスはけっして割れることがないので，割れやすさという傾向的力能はけっして顕在化しない．とはいえ，グラスに衝撃が与えられるまで／与えられない限り，グラスはその傾向的力能をもっているように思われる．このグラスの割れやすさは**裏切り者の傾向性**，つまり「テストにかけられるや否や消え失せてしまう」(Vihvelin 2004: 435) 傾向性である．裏切り者の傾向性の可能性をふまえると，傾向的力能の条件文分析はうまくいかないように思われる．

　ルイス (Lewis 1997) は，裏切り者の傾向性の可能性に対処するべく，傾向的力能についての改訂版の条件文分析を与えている．これは論争の余地のある話題だが，いまの関心のもとでより重要なのは，カドリ・ヴィヴェリン (Vihvelin 2004) が，ルイスの分析を自由意志の傾向性主義的な見解に援用しているということである．傾向性主義によれば，自由意志は傾向的力能の集まりである．ヴィヴェリンはこう述べている．「自由意志とは，理由にもとづいて選択を行う能力をもつことであり，その能力をもつことは，傾向性の束をもつことである」(前掲: 429)．仮言的能力と同様，傾向的力能も完全に決定論と両立する．何といっても，仮に決定論が真であるとしても，ものが可燃性を失うということはありそうにないだろう．さらに，もしヴィヴェリンの理論がうまくいっているならば，それはフランクファート事例に対する1つの応答も提供する．フランクファート事例では，行為者の他行為能力は裏切り者の傾向性であるので，能力はけっして顕在化することがない．しかしそのことからは，行為者が他行為能力を欠いているということは帰結しない．

傾向性主義に対する2つの批判が言及に値する．クラーク(Clarke 2009)は，傾向性はつねに遮蔽されうる，と述べている．**遮蔽された傾向性**の事例では，対象は傾向性を失うことなく，傾向的力能の顕在化が妨害される．裏切り者の傾向性と異なり，遮蔽された傾向性は失われるわけではない[8]．他方で，遮蔽されえない能力も存在する．行為能力を考えよう．もしこの能力が顕在化されえないならば，行為者は能力を欠いているのだと論じられるかもしれない．もし私が実際のところけっして行為しえなかったのならば，私は行為する遮蔽された傾向性をもっているのだと言うことに，どんな意味があるというのだろうか．この例が示すのは，行為能力と他行為能力は密接に関連しているということである．

傾向性主義に対する2つ目の重要な批判は，先述(2.3節)した，ヴァン・インワーゲンからのものである．「因果的[ないし傾向的]力能や能力という概念は，環境のある確定的な変化に対してある確定的な仕方で反応する一定の傾向性という概念であるように思われる．他方，行為者の行為する力能という概念は，傾向的／反応的な傾向性としての力能ではなく，むしろ環境の変化を創始する力能という概念であるように思われる」(van Inwagen 1983: 11)．ヴァン・インワーゲンは，他行為能力だけでなく，行為する力能の重要性を指摘している．この批判は決定的ではない——はたして行為する力能は傾向的力能ではありえないと断言できるだろうか——ものの，説得的ではある．

傾向性主義は，認知能力に制限される限りではよい．しかし，行為する力能を傾向的力能として理解することについてはどうだろうか．行為する力能は傾向的力能によっては説明できないと仮定しよう．このとき両立論者は何ができるだろうか．私が思うに両立論者は，まさに非両立論者がしていることをしさえすればよい．つまり，行為する力能は自由意志に必要不可欠だが，それは分析不可能でプリミティブな力能だと認めるのである．自由意志とは能動的な力能と認知能力の集まりである．後者は傾向的力能によって説明可能だが，行為する力能は分析不可能なプリミティブ——つまり，他の概念によっては説明できないもの——なのだ．

5.4 その他の見解

　ヴァン・インワーゲンの見解は興味深いが，同時に複雑でもある．彼は自由意志の古典-非両立論的な見解を支持するが，それ以上となると彼を分類するのが難しい．彼は帰結論証の最良かつ最も強力なバージョンの考案者だが(3.1-3.2節)，同時に，自由意志のリバタリアン的な見解にも批判的であり(3.3節)，リバタリアン的な行為者性説の支持者でもない(5.1節)．たとえ自由意志をもっているとしても，**制限主義**——「ひとはほんのわずかな自由意志しかもっておらず，実際にしたのとは別のことをなしうることは，たとえあるとしてもまれである」(van Inwagen 1989: 405)という見解——がもっともらしいので，自由な行為などごくまれなものなのである．自由意志を説明するのが簡単になると言った人などいないのだ．

　ヴァン・インワーゲン(van Inwagen 1998)は，私たちには自由意志の問題を解決するために必要な認知的技能が欠けており，だからずっと未解決のままなのかもしれない，と示唆する．この主張によって彼は**神秘主義**——自由意志の問題は根源的に解決不能であるという見解——にコミットしているのだと見るひとがいる．帰結論証が非常に説得的である一方で，『マインド』論証も同じくらい説得的である．だがそれでも，私たちは自由意志をもっているように思われる．ヴァン・インワーゲンは，間違っているのは『マインド』論証だろうが，具体的にどこが間違っているのかはわからないと述べる．そうはいうものの，ヴァン・インワーゲンほどに，自由意志の難問とパラドックスを解明し，有効な解決をも与えた哲学者はほとんどいないのであるが．

　関連する同じくらい興味深い見解は，アルフレッド・ミーリーの，自由意志と決定論の問題に対する**不可知論**である．彼は受精卵論証の強力さを認めるが，決定的ではないとも考えている(Mele 1995: 190-191; 2006: 188-195)．同様の主張は『マインド』論証において運が果たす役割についても適用される(Mele 2006: 3章)．ミーリーによれば，不可知論的な自律性説[9]が自由意志テーゼに対する最良のサポートを与える．というのも，両立論とリバタリアニズムの選言の方が，どちらか一方のみよりももっともらしいからである．

マニュエル・ヴァルガス (Fischer, Kane, Pereboom, and Vargas 2007) が展開，擁護する改訂主義は，定義するのが難しい見解である．後でよりくわしく議論するが，まずは簡単な概要を与えよう．改訂主義者によれば，自由意志についての日常的理解は本質的に非両立論的だが，リバタリアニズムにも欠陥がある——リバタリアニズムは不整合であるか (4.3 節)，正当化されてないか (3.3 節)，経験的見地から偽である (Pereboom 2001; Fischer, Kane, Pereboom, and Vargas 2007: 111-114) からだ．おそらく両立論者の方が良い理論を与えているだろう．したがって，私たちは概念的な革命——自由意志概念の改訂——を迫られているのである．

改訂主義をよりよく理解するために，P. F. ストローソンによる記述的／改訂的な形而上学という区別を考えよう．ストローソンによれば，「記述的な形而上学は，世界について私たちが現実に考える思考の構造を記述することで満足する．一方で改訂的な形而上学は，より良い構造を生みだそうと腐心する」(Strawson 1990: 9)．ヴァルガスにとっても同様で，自由意志の理論は記述的説明と改訂的説明に分かれる．自由意志の**記述的説明**は，概念分析にかかわる．ヴァルガスの理解によると，私たちがどのように「自由意志について考え，語っている」のかを記述することにかかわるのである．**改訂的説明**は規範的であり，私たちがどのように考えるべきかを教える．ヴァルガスによれば，**改訂主義**とは，「自由意志や道徳的責任について信じるべきことは，私たちが日常的に考えがちであることとは異なる」(Fischer, Kane, Pereboom, and Vargas 2007: 127) という見解である．したがって専門的な言い方をすれば，改訂主義は改訂的説明の 1 つである．ではヴァルガスの理論のどこが面白いかというと，それは，彼が記述的な形而上学の成果から議論をはじめて，それをもとにして改訂主義を論じるところである．

以上の理由から，改訂主義を擁護するためにヴァルガスは，診断的説明と指令的説明の両方を与えている．前者は「私たちの日常的な思考や語りを反映しようと試みる自由意志の説明」だが，後者は「私たちが自由意志についていかに考えるべきかを探求する」(前掲: 129)．診断的説明が示唆するところによれば，「日常的理解は非両立論的」(前掲: 131) であり，私たちは自由意志についての「リバタリアン的な自己理解」(前掲: 128) をもっている．ヴァルガスはこの

主張をサポートするために，3つの考察を展開している（前掲：131）.

　第1に，非両立論の論証の説得力——最も顕著なのは帰結論証（3.1-3.2節）であるが——は，「能力」の非両立論的な意味，つまり非両立論的な基準を満たす意味を示唆する，とヴァルガスは考える．彼は次のように述べる．「私たちはみずからを，真の，頑健な他行為可能性をもつものとみなしている」（前掲：128）．第2に，実験哲学からのデータが示唆するところによれば，私たちの日常的な直観は非両立論的である．第3に，私たちの日常的理解が非両立論的であることは，「文化的，社会的な歴史を顧みる」（前掲：131）ことによっても支持される．たとえば，自由意志という概念は，古典説的な理解であれ源泉説的な理解であれ，道徳的責任についての私たちの態度と結びついている（前掲：128; 136）．大半のひとは，私たちは行為について道徳的責任をもつと信じている．このように自由意志概念は，さまざまな各種の社会政策と結びついているのである.

　改訂主義は挑発的で魅力的な見解だが，いくつかの批判的な点は指摘するに値する．まず，私たちの自由意志に関する自己理解がリバタリアン的であることは明らかでない．実験的なデータが，日常的な自由意志理解がリバタリアン的であると示唆しているかどうかはまったく明らかではないのだ（Nahmias, Morris, Nadelhoffer, and Turner 2005）．どちらかといえば，自由意志の自己理解は，両立論的前提と非両立論的前提の両方を反映しており不整合だ，と言うべきではないだろうか．そのことによって，自由意志の問題が不断の問いであり，すぐに消え去ってしまうようには思われないことも説明できるだろう.

　レーラー（Lehrer 1976）は自由意志と決定論の問題を，実践と理論の対立として記述している．一方の側には実践的な要請があり，そこでは私たちが他者を自由で責任あるひととみなすことが必要とされる．このことは倫理学や，法や，さまざまな社会的実践の基礎となっている．しかし私たちは，世界についての理論的関心ももつ．世界を理解し，世界に関する理論を構築し，その理論にもとづいて予測を立てようとするのである．この関心は科学や形而上学の基礎となっている．おそらく，実践的な主題を推進すれば，私たちの自由への関与が浮き彫りになるが，理論的な主題を推進すれば，決定論への関与が浮かび上がる．この対立——この世界に住まう私たち自身を理解する試みの中で生じる対

立——がすぐに消え去ってしまうということは考えにくい.

自由意志についての日常的理解がリバタリアン的なものだと仮に認めたとしよう. するとどうなるだろうか. 自由意志のすべての記述的説明が, ある特定の形而上学的な説明——「日常的」な説明——を記述することを目的とする, と考えるのは誤りである. ストローソンからの引用を思いだそう. 「記述的な形而上学は, 世界について私たちが現実に考える思考の構造を記述することで満足する」(Strawson 1990). 目的は世界を記述すること, つまり, この世界の自由意志がリバタリアン的か両立論的かを述べることではない. その目的はむしろ, 世界についての私たちの思考を記述することである. そして, 世界についての私たちの思考は両立論者と非両立論者の双方が共有する思考を含むので, それを合意によって片づけることはできない. ストローソンは, アリストテレスやカントを記述的な形而上学者の典型として列挙する. 彼らは体系的思想を構築し, 人間思想の射程と限界を画定しようと試みた. 両者とも自由意志についての見解をもっている——どちらの見解についても, それが両立論的なのかリバタリアン的なのかについては論争の余地があるのだが. 単に自由意志とは何かを教えるだけでなく, 両者は分類法を——自由意志をめぐるさまざまな理論や論争を理解する方法を——与えているのである. 以上の考察は改訂主義への批判というわけではないが——改訂主義者はこれらの懸念に応答することができる——言及に値する点である.

P. F. ストローソンによる自由意志についての懐疑論への批判(Strawson 1962; 1985)は, 他の懐疑的懸念への応答という, より広い自然主義的な試みの一部である. ストローソンが考察する他の懐疑論の形式は, 「外的世界の存在」への脅威——すなわち, 物理的対象や身体, 他者の心についての知識, 帰納の正当化, 過去の実在性, これらへの脅威——である(Strawson 1985: 2-3). したがって, 自由意志についての懐疑論に対するストローソンの応答について論じる前に, ストローソンの議論についてより一般的な論述をしておきたい.

ストローソンは2つの種類の自然主義を区別する. **還元的な自然主義**は, 「自然科学によって究極的に還元可能, ないし解明可能なもの」以外のどんな存在も認めない(Strawson 1998a: 168). ストローソンは次のように述べる.

ある特定の学問分野の中で還元的な自然主義の一種を支持するひとは，ときにその分野の中である種の懐疑論者だとみなされる，あるいはそう表現される．たとえば，道徳的な懐疑論者や，心的なもの，抽象的存在者，「内包」と呼ばれるものについての懐疑論者などである．(Strawson 1985: 2)

ストローソンはこう続ける．

還元的な自然主義は次のように考える——人間の行動の自然主義的／客観的な見解が，道徳的態度や道徳的反応の妥当性を覆し，また道徳的判断を，もはや幻想の媒体でしかないと示すのである．(前掲：43)

還元的な自然主義は道徳的な懐疑論者である．驚くべきことではないが，ストローソンは還元的な自然主義を拒否し，非還元的な自然主義という彼自身の見解を支持する．**非還元的な自然主義**は「実在に関するより豊かな理解を提供し，道徳性，道徳的責任，物理的存在を真に特徴づける感覚可能な質，確定的な意味，意味規則，そして普遍——つまりは私たちが日常的に心に抱くすべてのもの——に存立の余地を与える」(Strawson 1998a: 168)．

非還元的な自然主義によれば，懐疑論の論証は——認識的懐疑論であれ，自由意志についての形而上学的な懐疑論であれ——「まともに取り合うべきではなく，単に無視してしまえばよい」(Strawson 1985: 13)．ストローソンはこう続ける．

懐疑論者の挑戦に応えようと試みることは，どんな仕方であれ，またどんな論証のスタイルであれ，退歩していくことに他ならない．もし出発地点から議論をはじめるつもりならば，懐疑論の挑戦を拒否しなければならない——自然主義者がそうするように．(前掲：24-25)

懐疑論に応答しないという彼の表明に暗に示唆されているのは，適切な応答を手にすることはできないということである．したがってストローソンの見解は，懐疑論の挑戦に対するある種の譲歩的な応答である[27]．ストローソンによれ

116

ば，「ポイントは，外界の対象や他者の心や帰納の実践についての信念の合理的な正当化を提示することにはない．むしろ，懐疑論の論証もそれに対する合理的な反対論証も等しくむだだ——ナンセンスだというわけではないが，むだなのだ——ということである．なぜなら，私たちが手にしているのは，本来的で本性的な，不可分のコミットメントであり，それは私たちが選び取ったり手放したりできる類のものではないからだ」(Strawson 1985: 28; cf. 1998b: 242)．

　ストローソンの譲歩によって，懐疑論者が勝利したことになるわけではない．なぜなら，懐疑論の論証は私たちに何の影響ももたらさないからである．私たちの信念についての懐疑論の論証に対する適切な応答を手に入れる能力が私たちにないとしても，私たちは依然として，あたかも自分の信念が真であるかのようにふるまうのである．そういうわけで懐疑論の論証は「むだ」なのだ——私たちの信念に何の影響も与えないのだから．とはいっても，むだなのは懐疑論の論証だけではない——「どちらの側の論証もむだ」(Strawson 1985: 29)なのである．

　一例として，過去についての懐疑論への応答についてのストローソンの言をみてみよう．彼はこう述べている．

> 　…過去の実在性と確定性についての信念は，私たちが否応なしにコミットしている信念の一般的枠組みの大部分をなしており，それは物理的対象の存在についての信念や，帰納的な信念形成の実践についても同様である．…これらすべては，相補的な自然形而上学の一部分をかたちづくるのである．（前掲：29）

非還元的な自然主義によれば，私たちは，過去の存在や，外的世界の実在性や，帰納的な実践の正当性を，疑いなしに信じている．というのも，「私たちはそれらに対して論証によるものではない本来的なコミットメントをもっており，それによって理性が効果的に働く境界と舞台が定められ，その内部ではじめて，特定の判断や信念についての合理性の有無，および正当化の有無の問いが生じるのである」(前掲：39)．ルートヴィヒ・ヴィトゲンシュタイン(Wittgenstein 1969)はこれらの信念を，「それに照らして真理と虚偽が見極められるところの，

伝統的に受け継がれてきた背景」(前掲：94 節)と呼び，それは「すべての探求と主張の土台をなす」(前掲：162 節)(cf. Strawson 1985: 15)．ストローソンの主張によれば，そういった背景知識は「あらゆる思考の構造に内在するので，それを一旦疑問に付してしまうと——それは私たちの概念図式をことごとく否定することに等しいのだから——整合的な思考のための資源がいっさい消え去ってしまうのである」(Strawson 1998d: 291)．

　外的世界の存在の問題に対する解決として，ムーアによる有名な外的世界の存在証明と似た形式の論証によって合理的な正当化を与えようとするひとがいるかもしれない(cf. Wright 2004)．

　　前提：ここに手がある．
　　結論：外的世界が存在する[28]．

合理的な正当化が必ずしも明示的な論証の形式をとる必要はないが，次のことは必要不可欠である——何かが信念 p の**合理的な正当化**であるのは，それが，p が真でありそうだと考える理由を与えるときに限る．対照的に，p の**実践的な正当化**は，p が真でありそうだと考える理由を与えることなく，p と信じる理由を与える．

　パスカルの賭けが，神の存在についての信念の実践的な正当化の好例である．パスカルは神の存在を信じることの理由を提示するが，その理由は，神が存在することがありそうだということを示唆するわけではない．神を信じることによる利益は信じないことによるリスクに勝るので，私たちは神の存在を信じたほうがより良い生を送れるだろう．しかしそのことによって，神が存在する確率がより高まるわけではない．

　ストローソンは，ある種の「自然的な信念」の適切性を説明することに腐心する．それはたとえば，私たちは何かを知っている，外的世界が存在する，他者の心が存在する，未来は過去と同様である，過去は存在するか少なくとも存在した，私たちには自由意志がある，私たちは行為について道徳的責任をもつ，といった信念である[29]．しかしストローソンは，これら自然的な信念に対して合理的な正当化も実践的な正当化も与えない．彼の主張によれば，それらは

118

受け入れるべきものではなく，端的に，推論や論証に拠らずに受け入れている
ものなのである．自然的信念は，それが私たちの信念体系の全体にわたって果
たす中心的な役割のゆえに，適切なのである．

　非両立論や自由意志についての懐疑論に対するストローソンの批判によって，
自由意志テーゼがよりもっともらしくなるわけではない．自由意志についての
懐疑論に対する彼の応答は，懐疑論の論証に対するより一般的な戦略の一部で
ある．ストローソンはこう書いている．

> 　専門家からの懐疑論的な疑いを相手にする正しい方法は，論証による論駁
> を試みるのではなく，その疑いがむだで，非現実的で，擬似的であると指
> 摘することである．すると，懐疑論を論駁しようとする試みもまた同じく
> らいむだであるように思えてくるだろう．帰納や身体の存在についての信
> 念を正当化するうえで与えられる理由は，それらの信念に対して私たちが
> もっている理由ではないし，もつようになる理由でもない．それらの信念
> を保持するための理由など，何もないのである．私たちは否応なしにそれ
> らを受け入れており，そのことによって，どの信念をどのような仕方で保
> 持するのが合理的なのか，といった問いが発せられる領域が画定されるの
> である．（Strawson 1985: 19-20）

ストローソンの非還元的な自然主義は，両立論者の修辞的な優位を明らかにし
ている．というのも，両立論者は懐疑論の哲学的論証の存在にかかわらず，道
徳的責任を肯定し，行為は私たち次第だとみなそうとしているからである．そ
ういうわけで，この本の問いは，本が朽ちてちりと化したはるか後でも残って
いるだろう．

　最後に，**メタ両立論**——メタ哲学的な理由から，非両立論よりも両立論の方
が好ましい，という見解——を紹介する．ストローソンはメタ両立論者の１人
であるが，彼の見解と同様に，メタ両立論は懐疑論者に対する大々的な応答を
提示する．懐疑論者とは他のひとが正しいと思うことを疑うひとだが，その疑
いには度合いがある，ということを思いだそう．不可知論者と無神論者は神の
存在について疑いをもつが，後者の疑いの方がより深刻である．無神論者は単

なる認識論的な懐疑論者ではなく，形而上学的な懐疑論者である．不可知論者もむろん疑いをもってはいるが，それは単なる疑いであり，明示的な否定には至らない．不可知論者は認識論的な懐疑論者である．

　これら2つの懐疑論の形式には，それぞれ大域的／局所的という下位区分がある．大域的な認識論的懐疑論とは，だれも何も知らないというテーゼである．大域的な形而上学的懐疑論——何も存在しないという見解——をとる哲学者はほとんどいないが，各種の局所的な形而上学的懐疑論——無神論や自由意志についての懐疑論など——は依然としてポピュラーな見解である．

　すでに述べたように，（大域的な）認識論的懐疑論と（形而上学的な）自由意志についての懐疑論は重要な形式的特徴を共有している．特に，認識論的な懐疑論の論証のうち最も知れ渡っているもの(DeRose 1999)は，帰結論証と構造的に類似している(3.1-3.2節)．両論証はともに閉包原理を用いる．帰結論証の場合，原理(β)や(β')のような非-選択の移行原理がある．くわえて，両論証はともに「能力がある」や「知っている」といった，とらえどころのない様相語の意味に依存する．こういった類似性のために，それぞれの論証に対して同様の応答ができる——どちらの論証にも，常識的見地からの応答と洗練された分析の両方があるのである．カギとなる語——「能力がある」，「できる」，「知っている」，およびこれらの類語——が多義的である可能性がある．関連事実説と，その対である関連代替説がある．それぞれに対して文脈主義的な分析がある．さらに，帰結論証と認識論的な懐疑論の論証の両方に対して，メタ哲学的な応答がある．

　もしかすると，帰結論証に対する応答は認識論的な懐疑論の論証に対する応答よりも不出来だと判明するかもしれない．だがより正しそうな主張は，認識論的な懐疑論の論証へのすべての応答について，同じくらいもっともらしい形式的に類似した帰結論証への応答がある，というものだろう．もしそうであれば，私たちは次の説得的な論証を手にしたことになる．

- 認識論的な懐疑論の論証へのすべての応答について，同じくらいもっともらしい帰結論証への応答がある．
- もし認識論的な懐疑論を受け入れるならば，単なるドグマとして自由意

志についての懐疑論を拒否するべきである.

- したがって,私たちが自由意志をもつことを否定する良い理由はない.

2つ目の前提は明らかだろう. 認識論的な懐疑論者は自由意志についての不可知論者であって,自由意志を否定するわけではないからである. 1つ目の前提は論争の余地があるが,もし確立されれば,自由意志についての懐疑論を支持する良い理由はないことが示せるだろう.

5.5　最後に

スミランスキー(Smilansky 2001)は,自由意志についての懐疑論に対する非還元的な自然主義の応答は独りよがりだと考えている. だが,非還元的な自然主義はいわば最後の砦である. 批判的な分析を経てなお,いくつもの自由意志の理論が生き残っている. バラガー(Balaguer 2010)は自由についての非決定論的な理論を強力な仕方で提示し,リバタリアン的な自由意志に必要とされる種類の非決定論が真であることを否定する理由はないと説得的に論じている. ペレブームでさえ,行為者性説の可能性を認めている. 両立論の側からも続々と理論が提示されている(Fischer 1994; Lehrer 2004; Vihvelin 2004).

最終的には,自由意志についての懐疑論の論証(3.4節)と道徳的責任についての懐疑論(4.3節)――それぞれ,非両立論の論証(3.1-3.2節)と道徳的責任についての非両立論の論証(4.1-4.2節)に依拠している――に帰着することになる. これらの論証が多くの直観的な支持を得ることは疑いないが,つぶさに検討してみれば,決定的な論証ではないことがわかった. したがって,非両立論や道徳的責任についての非両立論を採用する説得的な理由はないのである. それはつまり,自由意志についての懐疑論や道徳的責任についての懐疑論を採用する理由もないということだ. もしかすると私たちは自由意志をもたないのかもしれない. あるいは,いっさい道徳的責任をもたないのかもしれない. とはいえ,これらの主張が真であると考える説得的な理由もないのである.

文献案内

　ミーリー(Mele 1997b)とクラーク(Clarke 2008)は，行為の哲学の良質で一般的な導入を与えている．自由意志についてのリバタリアン的な理論は，ジネット(Ginet 1990)，ケイン(Kane 1996)，オコナー(O'Conner 2000)，クラーク(Clarke 2003)，そしてバラガー(Balaguer 2010)で提示されている．行為者因果説の重要な見解は次のものだ——チザム(Chisholm 1964)，クラーク(Clarke 1996)，マーコシアン(Markosian 2002)．自由意志についての懐疑論の説得的な論証は，ダブル(Double 1996)，ストローソン(Strawson 1986)，ホンデリック(Honderich 1988; 2002)，スミランスキー(Smilansky 2000)，ペレブーム(Pereboom 2001)で与えられている．現在のところ最良の両立論的な理論としては，フランクファート(Frankfurt 1988)，レーラー(Lehrer 1990)，フィッシャー(Fischer 1994)が挙げられる．

原　注

第 1 章

†1　キース・レーラーは私信で，しばしば私たちは非反省的な選択をすることがあるので，選択がつねに行為であるとは限らない，と述べている．またゲイリー・ワトソン(Watson 1987a)は，自由意志は自由な行為ではないと説得的に論じている．

†2　ケヴィン・ティンペに感謝する．

†3　マーク・バラガーが私信で，この用語を提示してくれた．

†4　このことを強調してくれた，スコット・ジオン，ケヴィン・ティンペ，マニュエル・ヴァルガスに感謝する．別の分類法についてはティンペ(Timpe 2008)を見よ．

†5　V. アラン・ホワイトに感謝する．

†6　この節について手助けしてくれたジョナサン・ウェストファールに感謝する．

†7　すべての既知の物理法則は対称的な理論なので，決定論は対称的なテーゼであるとみなされる．それだから，宇宙における任意の過去の状態の完全な記述と自然法則とが合わさって，各々の，そしてすべての真な命題を含意するのである(van Inwagen 1983: 65; Earman 2004; Bishop 2006; Hoefer 2010 を見よ)．この本ではこの複雑さは無視する．

†8　自由意志の問題は存在論的解決に免疫がある(3.3 節を見よ)．

†9　とはいえ，テッド・ホンデリック(Honderich 1988; 2002)は決定論者である．5.2 節を見よ．

第 2 章

†10　この点を指摘してくれたマニュエル・ヴァルガスに感謝する．

†11　カドリ・ヴィヴェリンに感謝する．

†12　フランクファートのもとの事例では，「ジョーンズ」は「ジョーンズ4」となっている．

第 3 章

†13　第 1 論証は，もともとは「主論証」と呼ばれていた(van Inwagen 1975)．

†14　実のところ，ヴァン・インワーゲン(van Inwagen 1980; 1983)は「N」を，非-選択演算子としてだけではなく，非-責任演算子としても用いている．「NR」という演算子は，ワイダーカー(Widerker 2002: 317)に由来する．

123

第4章

†15 この事例はペレブーム(Pereboom 2003)では「脱税(2)」と呼ばれている.

†16 これらの条件をより正確に特定するのは難しい. 簡潔さのために, 行為の因果説を前提したい. 行為の因果説とは,「ある出来事が行為であるか否かはそれがどのように引き起こされたかに依存」し, 行為は「信念, 欲求, 意図, それらに関連する出来事といった心理学的／心的項目」によって因果的に説明される(Mele 1997b: 2-3; cf. 5.1節). 同様の条件は行為の非因果説を満足する仕方でも提示できると思うが, ここでは論じずにおく. 非因果説の例としては, ジネット(Ginet 1990)やジオン(Sehon 2005)を見よ. さらに, 簡便のために, 任意の真のフランクフォート事例において, 2つの可能な因果連鎖(c_1とc_2)しか存在しないと前提している. 実際には, 2つの因果連鎖のタイプしか存在しないということである.

†17 スコット・ジオンに感謝する.

第5章

†18 ハリー・シルヴァースタインに感謝する.

†19 ティンペ(Timpe 2008)はこれを理由に, ケインを古典説でなく源泉説の論者であると位置づける. 私はティンペの分類法が私のものと比べて劣っていないと認めよう. だがそれでも, 私の分類法ではケインは自由意志の古典説を支持している. というのも, 彼はある種の(**遡及的な**)**古典的自由の条件**——ひとが行為について道徳的責任をもつのは, 彼が他の仕方で行為することができる／できたときに限る, という条件——を受け入れているからである(2.2節). 以下の議論を見よ.

†20 ロバート・ケインに感謝する.

†21 両立論と非両立論は, その定義から, **相矛盾する概念**である. つまり, 一方が真ならば, 他方は偽であり, 一方が偽ならば他方は真である. ホンデリックはこの用語法に異議をとなえ, 両立論と非両立論は**相対立する概念**である——つまり, 両方ともに真ではありえないが, 両方ともに偽でありうる——と提案する.

†22 ソール・スミランスキーに感謝する.

†23 ムーアは「できる」(can)やその類語を用いるが, この語はムーアが予期しなかった仕方で多義的であることがわかっている. そこで, ここでは「できる」(able)を代わりに用いた(van Inwagen 2008).

†24 ムーアの分析はこうである.「他の仕方で行為できた」は次のことを意味する.「(1)もしそれを選んでいたら異なって行為したはずだということ, (2)同様に, もしそう選ぶよう選んでいたら異なって選択したはずだということ, そして(3)だれもそう選ばないはずだとたしかに知っているわけではないという意味で, 異なって選択することは可能であった」(Moore 1912: 94).

原　　注

†25　マニュエル・ヴァルガスに感謝する.

†26　ルイス(Lewis 1976; 1997)やサイダー(Sider 1997)は, 能力に関する語の文脈主義的な理論を与えている. ホーソン(Hawthorne 2001)は「自由な行為」の文脈主義的な理論を提示している. アンガー(Unger 1984: 54-58)はこの両方を論じている. フェルドマン(Feldman 2004)は文脈主義に対する説得的な批判を提示している.

†27　懐疑論に対する他の譲歩的な応答としては, デローズとウォーフィールド(DeRose and Warfield 1999: 5章)を見よ. この種の応答についての議論については, デローズ(DeRose 1999: 19-22)を見よ. 「譲歩的な応答」という用語はデローズとウォーフィールドのものだが, それはストローソンにもうまくあてはまる. 彼がヒュームを支持していることに対する批判への応答として, ストローソンはこう述べている. 「ブラック教授は正しくも, ヒュームの自然主義と私が呼ぶものと同じくらい, ヒュームの懐疑論が強力であるということを強調している. 実際そうだろう. ヒュームはたしかに次のように考える点で正しい——私たちは理性によって, 彼自身が選んだ認識論的な諸前提から身体の存在についての強固にもとづけられた信念へと導かれることはけっしてないのである」(Strawson 1998b: 242).

†28　ストローソンの批判者のうち少なくとも1人は(Sosa 1998: 366-367), ストローソンを, 外的世界の信念への同様の合理的正当化を提供していると解釈している. この種の解釈への応答としては, 以下の議論と, ストローソン(Strawson 1998e)を見よ.

†29　「自然的な信念」という用語はストローソンのものではない. この用語はヒュームに関する論争, とりわけノーマン・ケンプ・スミスから来ている. 実際, 言及に値することだが, ストローソンはヒュームとヴィトゲンシュタインを引用して, 「このつながりのもとでの「信念」と「命題」という日常的な概念の適切性」(Strawson 1998e: 370)を疑問に付している. この論点についてはここでは扱わない.

125

訳　注

第1章

〔1〕　ただし，タイムトラベルの事例が「自由意志」の問題とどのように関連しうる
かはあまり明らかでない．本節の議論から示唆されるのはむしろ，タイムトラベル
と行為者の「能力」との関連性である．つまり，もしタイムトラベルが形而上学的
に可能であるとすると，行為者がある種の能力——たとえば，自分の祖父を射殺す
る能力——をもたないことが帰結するかもしれない．

〔2〕　たとえば，〈明日あなたはケーキを食べる〉という命題があり，（現在のあなたに
は知るよしもないが）この命題は真であるとしよう．真理の無時制説に従えば，こ
の命題は今日の時点で（そして永久的に）真である．さらに，あなたは明日ケーキを
食べることによって，この命題を真にすることができる．つまりこの命題は，真で
あり，かつ（あなたの行為によって）真にされうる命題である．

〔3〕　リバタリアニズムについては1.5節を参照のこと．

〔4〕　『マインド』論証については3.3節を参照のこと．

第2章

〔1〕　反応的態度（reactive attitude）とは，他者を有責的な主体であるとみなすことに
おいて表出される態度の総称である（cf. Strawson 1962）．反応的態度の例としては，
称賛や非難のほかにも，怒り（resentment）や感謝（gratitude）などを挙げることが
できる．ストローソンの理論については5.4節も参照．

〔2〕　PPA は the principle of possible action の略．

〔3〕　PAP は the principle of alternative possibility の略．

〔4〕　フランクファート事例については次節（2.4節）を参照．

〔5〕　傾向的な力能，および傾向性主義については，5.3節を参照．

〔6〕　源泉-両立論については5.3節を参照．

第3章

〔1〕　ここでヴァン・インワーゲンは，次の一般的な原理の一例として前提（5）の擁護
を試みている．「Q が，S が誕生する前に成立していた事態にのみ関わる真な命題
であり，かつ，S は Q と R の連言を偽にすることができるならば，S は R を偽に
することができる」（van Inwagen 1975: 192）．

〔2〕　「何ものも光速を超える速さで運動することができない」という命題が，現実世

126

訳　注

界で真な自然法則であるとしよう．このとき，もしあなたが——なにか奇跡的な力を使って——光速より速く物体を運動させる装置を作ったとすれば，あなたは自身の行為によって上記の自然法則命題を偽にしたことになる．これが，強い意味で命題を偽にするということの意味である．他方，現実世界が決定論的であり，あなたは現実世界で時点 t に手を挙げたとしよう．このとき，もしあなたが時点 t に手を挙げなかったならば，その世界で成り立つ自然法則は現実世界のものとは異なっていただろう（というのも，もし同一の自然法則が真であれば，あなたは現実世界と同様に手を挙げていただろうから）．つまり時点 t に手を挙げないという行為は，もしそれをしていたら現実の自然法則が偽になるであろう行為である．だが，光速を超える装置の発明とは違い，あなたは自然法則を偽にすることを（因果的に）もたらしたわけではない．これが，弱い意味で自然法則命題を偽にすることの意味である．

〔3〕　ここで「⊢」は演繹関係を表す記号である．つまり原理 (α) は「□ (p) から N (p) が演繹される」と読む．

〔4〕　移出律とは次のような形式の，命題論理の推論規則の 1 つである．任意の命題 A，B，C について，$((A \land B) \rightarrow C) \Leftrightarrow (A \rightarrow (B \rightarrow C))$．

〔5〕　ここで「⊨」は，論理的含意を表す記号である．

〔6〕　URD は，「究極的責任」(ultimate responsibility) と，称賛や非難「に値する」(deserve) の頭文字から来ている．

第 4 章

〔1〕　以降，単なる「非両立論」は「自由意志についての非両立論」を意味し，「道徳的責任についての非両立論」とは区別される．

〔2〕　ここでは，「その氷河が融けている」が「敵の宿営地は時点 T_3 に破壊される」を論理的に含意しないことが前提されている．

〔3〕　ただし，原理 (B_2) は時系列改変の事例を回避することを意図したものだが，単一行為者のフランクファート事例による反例には依然として直面することに注意せよ．

〔4〕　フィッシャーとラヴィッツァの理論の詳細については，5.3 節を参照のこと．

〔5〕　FIP は fundamental incompatibilist principle の頭文字から来ている．

〔6〕　「～ p」は命題 p の否定を意味する．

第 5 章

〔1〕　UR は究極的責任 (ultimate responsibility) の頭文字から来ている．

〔2〕　AP は他行為可能性 (alternative possibility) の頭文字から来ている．

127

〔3〕 SFA は self-forming action の頭文字から来ている.

〔4〕 TDW は「完全に非決定な葛藤下での決断」(Torn decision wholly undetermined)の略.

〔5〕 「関連する事実」の詳細については,本節の後半を参照のこと.

〔6〕 理由に受容的(receptive)であるとは,行為者(のメカニズム)が行為の理由を適切に認識する能力を意味する.また,理由に反応的(reactive)であるとは,認識した理由にもとづいて行為を選択する能力を意味する.

〔7〕 両者の違いを,前文をふまえて敷衍すると以下のようになるだろう.自身の性格に責任をもつ(being responsible for one's character)ためにはみずからの性格の源泉／起源であるということが必要とされるが,有責的な性格をもつ(having a responsible character)ためには,欲求が(フランクファートの述べる仕方で)適切に組織化されていれば十分である.

〔8〕 遮蔽された傾向性としては,解毒剤や緩衝材の事例を考えるとわかりやすい.ある種の毒はひとを死に至らしめる傾向性をもつが,解毒剤を服用していればその傾向性は顕在化しない.また,グラスは割れやすさという傾向性をもつが,緩衝材にくるまれていれば,衝撃を加えられても割れることはない.

〔9〕 決定論と自由意志の両立論が正しいか否かについては不可知論的な立場をとるが,私たちが自由意志をもつ(そして道徳的責任をもつ)ことを肯定する見解を指す.

128

参考文献

Aristotle. 1985. *Nicomachean Ethics*, Book III. Trans. Terence Irwin. Selection reprinted in Pereboom 1997; page numbers refer to this latter edition.〔『ニコマコス倫理学』,『新版アリストテレス全集　第15巻』所収, 神崎繁(訳), 岩波書店, 2014年〕

Augustine. 1993. *On Free Choice of the Will*. Indianapolis: Hackett Publishing Company.〔『自由意志論』, 今泉三良・井澤彌男(訳), 創造社, 1969年〕

Balaguer, Mark. 2010. *Free Will as an Open Scientific Problem*. Cambridge, MA: The MIT Press.

Beebee, Helen and Alfred Mele. 2002. "Humean Compatibilism." *Mind* 111: 201-223.

Bennett, Jonathan. 1984. *A Study of Spinoza's Ethics*. Indianapolis: Hackett.

Berofsky, Bernard. 2003. "Classical Compatibilism: Not Dead Yet!" In McKenna and Widerker 2003.

Bishop, Robert C. 2006. "Determinism and Indeterminism." In *Encyclopedia of Philosophy*, 2nd edn., editor in chief, D. M. Borchert. Farmington Hills, MI: Macmillian Reference.

Boethius. 2001. *The Consolation of Philosophy*. Trans. Joel C. Relihan. Indianapolis: Hackett.〔『哲学の慰め』, 渡辺義雄(訳), 筑摩叢書, 1969年〕

Brueckner, Anthony. 2008. "Retooling the Consequence Argument." *Analysis* 68: 10-13.

Campbell, C. A. 1951. "Is 'Freewill' a Pseudo-Problem?" *Mind* 60: 441-465.

———. 1957. *On Selfhood and Godhood*. London: George Allen and Unwin.

Campbell, Joseph Keim. 1997. "A Compatibilist Theory of Alternative Possibilities." *Philosophical Studies* 88: 319-330.

———. 1999. "Descartes on Spontaneity, Indifference, and Alternatives." In *New Essays on the Rationalists*, ed. Rocco J. Gennaro and Charles Huenemann. Oxford: Oxford University.

———. 2005. "Compatibilist Alternatives." *Canadian Journal of Philosophy* 35: 387-406.

———. 2006. "Farewell to Direct Source Incompatibilism." *Acta Analytica* 21. 4: 36-49.

———. 2007. "Free Will and the Necessity of the Past." *Analysis* 67: 105-111.

———. 2008a. "Touchdowns, Time, and Truth." In *Football and Philosophy*, ed. Mike Austin. Lexington: University Press of Kentucky.

———. 2008b. "New Essays in the Metaphysics of Moral Responsibility." *Journal of Ethics* 12: 119-201.

———. 2010. "Incompatibilism and Fatalism: Reply to Loss." *Analysis* 70: 71-76.

Campbell, Joseph Keim, Michael O'Rourke, and David Shier, eds. 2004a. *Freedom and Determinism*. Cambridge, MA: The MIT Press.

———. 2004b. "Freedom and Determinism: A Framework." In Campbell, O'Rourke, and Shier 2004a.

Campbell, Joseph Keim, Michael O'Rourke, and Harry Silverstein, eds. 2010a. *Action, Ethics, and Responsibility*. Cambridge, MA: The MIT Press.

———. 2010b. "Action, Ethics, and Responsibility: A Framework." In Campbell, O'Rourke, and Silverstein 2010a.

Casati, Roberto and Achille Varzi. 2010. "Events." In *The Stanford Encyclopedia of Philosophy (Spring 2010 Edition)*, ed. Edward N. Zalta. http://plato.stanford.edu/archives/spr

2010/entries/events/

Chisholm, Roderick. 1964. "Human Freedom and the Self." The Lindley Lecture, 3-15. Department of Philosophy, University of Kansas. Reprinted in Pereboom 1997.

Clarke, Randolph. 1993. "Toward a Credible Agent Causal Account of Free Will." *Nous* 27, 191-203. Reprinted in O'Connor 1995; page numbers refer to this latter edition.

———. 1996. "Agent Causation and Event Causation in the Production of Free Action." *Philosophical Topics* 24: 19-48. Excerpted in Pereboom 1997; page numbers refer to this latter edition.

———. 2003. *Libertarian Accounts of Free Will*. Oxford: Oxford University Press.

———. 2005. "On an Argument for the Impossibility of Moral Responsibility." *Midwest Studies in Philosophy* 29: 13-24.

———. 2008. "Incompatibilist (Nondeterministic) Theories of Free Will." In *The Stanford Encyclopedia of Philosophy (Fall 2008 Edition)*, ed. Edward N. Zalta. http://plato.stanford.edu/archives/fall2008/entries/incompatibilism-theories/

———. 2009. "Dispositions, Abilities to Act, and Free Will: The New Dispositionalism." *Mind* 118: 323-351.

Conee, Earl and Theodore Sider. 2005. *Riddles of Existence*. Oxford: Oxford University Press.〔『形而上学レッスン　存在・時間・自由をめぐる哲学ガイド』，小山虎(訳)，春秋社，2009 年〕

David, Marian. 2009. "The Correspondence Theory of Truth." In *The Stanford Encyclopedia of Philosophy (Fall 2009 Edition)*, ed. Edward N. Zalta. http://plato.stanford.edu/archives/fall2009/entries/truth-correspondence/

Davidson, Donald. 1963. "Actions, Reasons, and Causes." *Journal of Philosophy* 60: 685-700. Reprinted in Davidson 1980 and Mele 1997a.〔「行為，理由，原因」，『行為と出来事』所収，服部裕幸・柴田正良(訳)，勁草書房，1990 年〕

———. 1973. "Freedom to Act." Reprinted in Davidson 1980.

———. 1980. *Essays on Actions and Events*. Oxford: Clarendon Press.〔『行為と出来事』，服部裕幸・柴田正良(訳)，勁草書房，1990 年〕

Deutsch, David and Michael Lockwood. 1994. "The Quantum Physics of Time Travel." *Scientific American*.

DeRose, Keith 1992. "Contextualism and Knowledge Attributions." *Philosophy and Phenomenological Research* 52: 913-929.

———. 1999. "Introduction: Responding to Skepticism." In DeRose and Warfield 1999.

DeRose, Keith and Ted A. Warfield, eds. 1999. *Skepticism: A Contemporary Reader*. New York and Oxford: Oxford University Press.

Double, Richard. 1996. *Metaphilosophy and Free Will*. New York: Oxford University Press.

Earman, John. 2004. "Determinism: What We Have Learned and What We Still Don't Know." In Campbell, O'Rourke, and Shier 2004a.

Einstein, Albert. 1920. *Relativity: The Special and General Theory*. New York: Henry Holt.〔『特殊および一般相対性理論について』，金子務(訳)，白揚社，1991 年〕

Eliot, T. S. 1935. "Burnt Norton." *Four Quartets* (1943). In *The Complete Poems and Plays* (1953). New York: Harcourt Brace and Company.〔『四つの四重奏』，岩崎宗治(訳)，岩波文庫，2011 年〕

Fara, Michael. 2009. "Dispositions." In *The Stanford Encyclopedia of Philosophy (Summer 2009 Edition)*, ed. Edward N. Zalta. http://plato.stanford.edu/archives/sum2009/entries/dispositions/

Feinberg, Joel. 1970. *Doing and Deserving: Essays in the Theory of Responsibility*. Princeton: Princeton University Press.

Feldman, Richard. 2004. "Freedom and Contextualism." In Campbell, O'Rourke, and Shier 2004a.

Finch, Alicia and Ted A. Warfield. 1998. "The Mind Argument and Libertarianism." *Mind* 107: 515-528.

Fischer, John Martin. 1982. "Responsibility and Control." *Journal of Philosophy* 89: 24-40. Reprinted in Fischer 1986a.

———, ed. 1986a. *Moral Responsibility*. Ithaca: Cornell University Press.

———. 1986b. "Introduction." In Fischer 1986a.

———, ed. 1989a. *God, Foreknowledge, and Freedom*. Stanford: Stanford University Press.

———. 1989b. "Introduction: God and Freedom." In Fischer 1989a.

———. 1994. *The Metaphysics of Free Will: An Essay on Control*. Oxford: Blackwell.

———. 1999. "Recent Work on Moral Responsibility." *Ethics* 110: 49-66. Excerpted in Kane 2002a.

———. 2004. "The Transfer of Nonresponsibility." In Campbell, O'Rourke, and Shier 2004a.

Fischer, John Martin, Robert Kane, Derk Pereboom, and Manuel Vargas. 2007. *Four Views of Free Will*. Oxford: Blackwell.

Fischer, John Martin and Mark Ravizza, eds. 1993a. *Perspectives on Moral Responsibility*. Ithaca: Cornell University Press.

———. 1993b. "Introduction." In Fischer and Ravizza 1993a.

———. 1998. *Responsibility and Control: A Theory of Moral Responsibility*. Cambridge: Cambridge University Press.

Fox, John. 1987. "Truthmaker." *Australasian Journal of Philosophy* 65: 188-207.

Frankfurt, Harry. 1969. "Alternate Possibilities and Moral Responsibility." *Journal of Philosophy* 66: 828-839. Reprinted in Fischer 1986a, Frankfurt 1988, and Pereboom 1997; page numbers refer to this Pereboom edition. 〔「選択可能性と道徳的責任」, 『自由と行為の哲学』所収, 門脇俊介・野矢茂樹(編・監修), 法野谷俊哉・三ツ野陽介・近藤智彦・小池翔一・河島一郎・早川正祐・星川道人・竹内聖一(訳), 春秋社, 2010 年〕

———. 1971. "Freedom of the Will and the Concept of a Person." *Journal of Philosophy* 68: 5-20. Reprinted in Frankfurt 1988 and Pereboom 1997.〔「意志の自由と人格という概念」, 前掲『自由と行為の哲学』所収〕

———. 1982. "What We are Morally Responsible For." In *How Many Questions? Essays in Honor of Sidney Morgenbesser*, ed. Leigh S. Cauman, Issac Levi, Charles Parsons, and Robert Schwartz. Indianapolis: Hackett. Reprinted in Frankfurt 1988 and Fischer and Ravizza 1993a; page numbers refer to this latter edition.

———. 1987. "Identification and Wholeheartedness." In Schoeman 1987. Reprinted in Frankfurt 1988 and Fischer and Ravizza 1993a; page numbers refer to the latter edition.

———. 1988. *The Importance of What We Care About*. Cambridge: Cambridge University Press.

Garrett, Don. 1991. "Spinoza's Necessitarianism." In *God and Nature in Spinoza's Metaphysics*, ed. Yirmiyahu Yovel. Leiden: E. J. Brill.

Ginet, Carl. 1966. "Might We Have No Choice?" In Lehrer 1966a.

———. 1989. "Reasons Explanation of Action: An Incompatibilist Account." *Philosophical Perspectives* 3: 17-46. Reprinted in O'Connor 1995 and Mele 1997a.

———. 1990. *On Action*. Cambridge: Cambridge University Press.

———. 1996. "In Defense of the Principle of Alternative Possibilities: Why I Don't Find Frankfurt's Argument Convincing." *Philosophical Perspectives* 10: 403-417.

———. 1997. "Freedom, Responsibility and Agency." *Journal of Ethics* 1: 374-380. Reprinted in Kane 2002a; page references are to this latter edition.

———. 2000. "The Epistemic Requirements for Moral Responsibility." *Philosophical Perspectives* 14: 267-277.

———. 2002. "Reasons Explanations of Action: Causalist Versus Noncausalist Accounts." In Kane 2002b.

———. 2008. "In Defense of a Non-causal Account of Reasons Explanations." *Journal of Ethics* 12: 229-237.

Glanzberg, Michael. 2009. "Truth." In *The Stanford Encyclopedia of Philosophy (Spring 2009 Edition)*, ed. Edward N. Zalta. http://plato.stanford.edu/archives/spr2009/entries/truth/

Grau, Christopher, ed. 1995. *Philosophers Explore The Matrix*. Oxford: Oxford University Press.

Hahn, Lewis Edwin, ed. 1998. *The Philosophy of P. F. Strawson*. Chicago and LaSalle, IL: Open Court.

Hasker, William. 1989. *God, Time, and Knowledge*. Ithaca, NY: Cornell University Press. Important excerpts from this book are reprinted in Kane 2002a.

Hawking, Stephen W. 1996. "Wormholes and Time Travel." *The Illustrated A Brief History of Time*. Bantum Books.

Hawthorne, J. 2001. "Freedom in Context." *Philosophical Studies* 104: 63-79.

———. 2004. *Knowledge and Lotteries*. Oxford. Oxford University Press.

Hinchliff, Mark. 1996. "The Puzzle of Change." *Philosophical Perspectives* 10: 119-136.

Hobart, R. E. 1934. "Free Will as Involving Determinism and Inconceivable Without It." *Mind* 43: 1-27.

Hoefer, Carl. 2010. "Causal Determinism." In *The Stanford Encyclopedia of Philosophy (Spring 2010 Edition)*, ed. Edward N. Zalta. http://plato.stanford.edu/archives/spr2010/entries/determinism-causal/

Honderich, Ted, ed. 1973. *Essays on Freedom of Action*. London: Routledge and Kegan Paul.

———. 1988. *A Theory of Determinism: The Mind, Neuroscience, and Life-Hopes*. Oxford: Clarendon Press. Reprinted in 1990 as the paperbacks: Mind and Brain (vol. 1) and The Consequences of Determinism (vol. 2).

———. 2002. *How Free Are You?*, 2nd edn. Oxford and New York: Oxford University Press. 〔『あなたは自由ですか？──決定論の哲学』, 松田克進(訳), 法政大学出版局, 1996 年〕

———. 2004. "After Compatibilism and Incompatibilism." In Campbell, O'Rourke, and Shier 2004a.

Horgan, Terry. 1979. "'Could', Possible Worlds, and Moral Responsibility." *Southern Journal of Philosophy* 17: 345-358.

Hume, David. 1975. *An Enquiry Concerning Human Understanding*, 3rd edn., L. A. Selby-Bigge, ed. and P. H. Nidditch, revised. Oxford: Oxford University Press. 〔『人間知性研究』, 斎藤繁雄・一ノ瀬正樹(訳), 法政大学出版局, 2011 年〕

James, William. 1956. "The Dilemma of Determinism." In *The Will to Believe and Other Essays*. New York: Dover. 〔「決定論のジレンマ」, 『W・ジェイムズ著作集 2 信ずる意志』所収, 福鎌達夫(訳), 日本教文社, 2015 年〕

Kane, Robert. 1996. *The Significance of Free Will*. Oxford: Oxford University Press.

———. 2001. "Free Will: Ancient Dispute, New Themes." In *Reason and Responsibility*, ed.

Joel Feinberg and Russell Schaffer-Landau Wadsworth Publishers. Excerpted in Kane 2002a; page numbers refer to this latter edition.

―――, ed. 2002a. *Free Will*. Oxford: Blackwell.

―――, ed. 2002b. *The Oxford Handbook of Free Will*. Oxford: Oxford University Press.

―――. 2004. "Agency, Responsibility, and Indeterminism: Reflections on Libertarian Theories of Free Will." In Campbell, O'Rourke, and Shier 2004a.

―――. 2005. *A Contemporary Introduction to Free Will*. New York and Oxford: Oxford University Press.

Kapitan, Tomis. 2002. "A Master Argument for Incompatibilism?" In Kane 2002b.

Kretzmann, Norman. 1966. "Omniscience and Immutability." *Journal of Philosophy* 63: 409-421.

Lehrer, Keith. 1966a. *Freedom and Determinism*, New York: Random House.

―――. 1966b. "An Empirical Disproof of Determinism?" In Lehrer 1966a. Reprinted in Lehrer 1990.

―――. 1968. "Cans without Ifs." *Analysis* 29: 29-32.

―――. 1976. "'Can' in Theory and Practice: A Possible Worlds Analysis." In *Action Theory*, ed. Miles Brand and Douglas N. Walton. Dordrecht: D. Reidel. Reprinted as "A Possible Worlds Analysis of Freedom" in Lehrer 1990.

―――. 1980. "Preferences, Conditionals and Freedom." In *Time and Cause: Essays Presented to Richard Taylor*, ed. Peter van Inwagen. Dordrecht: D. Reidel. Reprinted in Lehrer 1990.

―――. 1990. *Metamind*. Oxford: Clarendon Press.

―――. 2004. "Freedom and the Power of Preference." In Campbell, O'Rourke, and Shier 2004a.

Leibniz, Gottfried Wilhelm. 1704. *New Essays on Human Understanding*. From Early Modern Philosophy, ed. Jonathan Bennett. http://www.earlymoderntexts.com/〔『人間知性新論』, 米山優（訳）, みすず書房, 1987 年〕

Levy, Neil M. 2002. *Sartre*. Oxford, UK: Oneworld Publications.

Lewis, David. 1976. "The Paradoxes of Time Travel." *American Philosophical Quarterly* 13, 145-152. Reprinted in Lewis 1986; page numbers refer to this latter edition.

―――. 1981. "Are We Free to Break the Laws?" *Theoria* 47: 113-121. Reprinted in Lewis 1986.

―――. 1983. *Philosophical Papers, Volume I*, Oxford: Oxford University Press.

―――. 1986. *Philosophical Papers, Volume II*, Oxford: Oxford University Press.

―――. 1997. "Finkish Dispositions." *The Philosophical Quarterly* 47: 143-158.

Locke, John. 1690. *An Essay Concerning Human Understanding*. Book II, Ch. 27 is reprinted in Perry 1975. From Early Modern Philosophy, ed. Jonathan Bennett. http://www.earlymoderntexts.com/〔『人間知性論』第 2 巻第 27 章, 大槻春彦（訳）, 岩波文庫, 1974 年〕

Loss, Roberto. 2009. "Free Will and the Necessity of the Present." *Analysis* 69: 63-69.

―――. 2010. "Fatalism and the Necessity of the Present: Reply to Campbell." *Analysis* 70: 76-78.

Markosian, Ned. 1999. "A Compatibilist Version of the Theory of Agent Causation." *Pacific Philosophical Quarterly* 80: 257-277.

―――. 2009. "Time." In *The Stanford Encyclopedia of Philosophy (Fall 2009 Edition)*, ed. Edward N. Zalta. http://plato.stanford.edu/archives/fall2009/entries/time/

Martin, C. B. 1994. "Dispositions and Conditionals." *The Philosophical Quarterly* 44: 1-8.

Maugham, W. Somerset. 1931. *The Collected Plays of W. Somerset Maugham*. London: William Heinemann Ltd.〔『サマセット・モーム全集〈第 22 巻〉 シェピー』，木下順二(訳)，新潮社，1955 年〕

McKay, Thomas and David Johnson. 1996. "A Reconsideration of an Argument Against Compatibilism." *Philosophical Topics* 24: 113-122.

McKenna, Michael. 1998. "Does Strong Compatibilism Survive Frankfurt Counter-Examples?" *Philosophical Studies* 91: 259-264.

———. 2001. "Source Incompatibilism, Ultimacy, and the Transfer of Non-Responsibility." *American Philosophical Quarterly* 38: 37-51.

———. 2005. "Neo's Freedom Whoa!" In Grau 1995.

———. 2008. "A Hard-line Reply to Pereboom's Four-Case Manipulation Argument." *Philosophy and Phenomenological Research* 77: 142-159.

McKenna, Michael and David Widerker, eds. 2003. *Moral Responsibility and Alternative Possibilities: Essays on the Importance of Alternative Possibilities*. Burlington: Ashgate.

Mele, Alfred R. 1995. *Autonomous Agents: From Self-Control to Autonomy*. Oxford: Oxford University Press.

———, ed. 1997a. *The Philosophy of Action*. Oxford: Oxford University Press.

———. 1997b. "Introduction." In Mele 1997a.

———. 2006. *Free Will and Luck*. Oxford: Oxford University Press.

———. 2008. "Manipulation, Compatibilism, and Moral Responsibility." *Journal of Ethics* 12: 263-286.

Moore, G. E. 1912. *Ethics*. New York: Oxford University Press.〔『倫理学原理』，泉谷周三郎・寺中平治・星野勉(訳)，三和書籍，2010 年〕

Nadler, Steven. 2009. "Baruch Spinoza." In *The Stanford Encyclopedia of Philosophy (Winter 2009 Edition)*, ed. Edward N. Zalta. http://plato.stanford.edu/archives/win2009/entries/spinoza/

Nagel, Thomas. 1976. "Moral Luck." *Aristotelian Society*: Supplementary volume 50: 137-152.

———. 1986. *The View from Nowhere*. Oxford: Oxford University Press.〔『どこでもないところからの眺め』，中村昇・山田雅大・岡山敬二・齋藤宜之・新海太郎・鈴木保早(訳)，春秋社，2009 年〕

Nahmias, Eddy, Stephen Morris, Thomas Nadelhoffer, and Jason Turner. 2005. "Surveying Freedom: Folk Intuitions about Free Will and Moral Responsibility." *Philosophical Psychology* 18: 561-584.

Nelkin, Dana K. 2001. "The Consequence Argument and the Mind Argument." *Analysis* 61: 107-115.

O'Connor, Timothy, ed. 1995. *Agents, Causes, and Events: Essays on Indeterminism and Free Will*. Oxford: Oxford University Press.

———. 1996. "Why Agent Causation?" *Philosophical Topics* 24: 143-158. Reprinted in O'Connor 1995; page references to this latter edition.

———. 2000. *Persons and Causes: The Metaphysics of Free Will*. Oxford: Oxford University Press.

Parfit, Derek. 1971. "Personal Identity." *Philosophical Review* 80: 3-27. Reprinted in Perry 1975.

———. 1986. *Reasons and Persons*. Oxford: Oxford University Press.〔『理由と人格——非人格性の倫理へ』，森村進(訳)，勁草書房，1998 年〕

Pereboom, Derk. 1994. "Determinism al Dente." *Nous* 29: 21-45. Reprinted in Pereboom 1997;

page numbers refer to this latter edition.

———, ed. 1997. *Free Will*. Indianapolis: Hackett Publishing Company.

———. 2000. "Alternate Possibilities and Causal Histories." *Philosophical Perspectives* 14: 119–137. Excerpted in Kane 2002a.

———. 2001. *Living Without Free Will*. Cambridge: Cambridge University Press.

———. 2003. "Source Incompatibilism and Alternative Possibilities." In McKenna and Widerker 2003.

———. 2006. "Is Our Conception of Agent-Causation Coherent?" *Philosophical Topics* 32: 275–286.

———. 2008. "A Compatibilist Account of the Epistemic Conditions on Rational Deliberation." *Journal of Ethics* 12: 287–306.

Perry, John, ed. 1975. *Personal Identity*. Berkeley and Los Angeles: University of California Press.

———. 1997. "Indexicals and Demonstratives." In *A Companion to the Philosophy of Language*, ed. B. Hale and C. Wright. Oxford: Blackwell.

———. 2001. *Reference and Reflexivity*. Stanford: CSLI Publications.

———. 2004. "Compatibilist Options." In Campbell, O'Rourke, and Shier 2004a.

Pike, Nelson. 1965. "Divine Omniscience and Voluntary Action." *Philosophical Review* 74: 27–46. Reprinted in Fischer 1989a.

Ravizza, Mark. 1994. "Semi-Compatibilism and the Transfer of Non-Responsibility." *Philosophical Studies* 75: 61–93.

Reid, Thomas. 1983. *Inquiry and Essays*, R. E. Beanblossom and K. Lehrer, eds. Indianapolis: Hackett Publishing Company.

Rice, Hugh. 2010. "Fatalism." In *The Stanford Encyclopedia of Philosophy (Winter 2010 Edition)*, ed. Edward N. Zalta. http://plato.stanford.edu/archives/win2010/entries/fatalism/

Rosen, Gideon. 2004. "Skepticism about Moral Responsibility." *Philosophical Perspectives* 18: 295–311.

Russell, Paul. 1992. "Strawson's Way of Naturalizing Responsibility." *Ethics* 102: 287–302.

———. 1995. *Freedom and Moral Sentiment: Hume's Way of Naturalizing Responsibility*. Oxford: Oxford University Press.

———. 2008a. "Free Will, Art and Morality." *Journal of Ethics* 12: 307–325.

———. 2008b. "Hume on Free Will." In *The Stanford Encyclopedia of Philosophy (Fall 2008 Edition)*, ed. Edward N. Zalta. http://plato.stanford.edu/archives/fall2008/entries/hume-freewill/

———. 2010. "Selective Hard Compatibilism." In Campbell, O'Rourke, and Silverstein 2010a.

Sartre, Jean-Paul. 1956. *Being and Nothingness*. Trans. Hazel E. Barnes. New York: Philosophical Library.〔『存在と無　上巻』，松浪信三郎(訳)，人文書院，1999 年〕

Schick, Theodore, Jr. 2002. "Fate, Freedom, and Foreknowledge." In *The Matrix and Philosophy*, ed. William Irwin. Peru, IL: Open Court.

Schoeman, Ferdinand, ed. 1987. *Responsibility, Character, and the Emotions: New Essays on Moral Psychology*. Cambridge: Cambridge University Press.

Sehon, Scott. 2005. *Teleological Realism: Mind, Agency, and Explanation*. Cambridge, MA: The MIT Press.

Sider, Theodore. 1997. "A New Grandfather Paradox?" *Philosophy and Phenomenological Research* 57: 139–144.

———. 2001. *Four-Dimensionalism: An Ontology of Persistence and Time*. Oxford: Oxford

University Press.〔『四次元主義の哲学——持続と時間の存在論』，小山虎・齋藤暢人・鈴木生郎(訳)，春秋社，2007 年〕

Smilansky, Saul. 2000. *Free Will and Illusion*. Oxford: Clarendon Press.

———. 2001. "Free Will: From Nature to Illusion." *Proceedings of the Aristotelian Society* 101: 71-95.

———. 2010. "Free Will: Some Bad News." In Campbell, O'Rourke, and Silverstein 2010a.

Smith, Barry. 1999. "Truthmaker Realism." *Australasian Journal of Philosophy* 77: 274-291.

Sommers, Tamler. 2007. "The Objective Attitude." *The Philosophical Quarterly* 57 (228): 321-341.

Sosa, Ernest. 1998. "Strawson's Epistemological Naturalism." In Hahn 1998.

Spinoza, Benedict (or Baruch). 1677. *Ethics Demonstrated in Geometrical Order*. From Early Modern Philosophy, ed. Jonathan Bennett. http://www.earlymoderntexts.com/〔『エチカ——倫理学(上)』，畠中尚志(訳)，岩波文庫，1951 年〕

Sripada, Chandra Sekhar. Manuscript. "The Case Against Manipulation Cases."

Strawson, Galen. 1986. *Freedom and Belief*. Oxford: Oxford University Press.

———. 2002. "The Bounds of Freedom." In Kane 2002b.

———. 2004. "Free Will." In *Routledge Encyclopedia of Philosophy*, ed. E. Craig. London: Routledge.

Strawson, Peter F. 1962. "Freedom and Resentment." *Proceedings of the British Academy* 48: 1-25. Reprinted in Pereboom 1997, Fischer and Ravizza 1993a.〔「自由と怒り」，前掲『自由と行為の哲学』所収〕

———. 1980. "P. F. Strawson Replies." In van Straaten 1980.

———. 1985. *Skepticism and Naturalism: Some Varieties*. London: Methuen.

———. 1990. *Individuals: An Essay in Descriptive Metaphysics*. London: Routledge.

———. 1998a. "Reply to Simon Blackburn." In Hahn 1998.

———. 1998b. "Reply to Andrew Black." In Hahn 1998.

———. 1998c. "Reply to David Pears." In Hahn 1998.

———. 1998d. "Reply to Hillary Putnam." In Hahn 1998.

———. 1998e. "Reply to Ernest Sosa." In Hahn 1998.

Stump, Eleonore. 1990. "Intellect, Will, and the Principle of Alternate Possibilities." In *Christian Theism and the Problems of Philosophy*, ed. Michael D. Beaty. Notre Dame, IN: University of Notre Dame Press. Reprinted in Fischer and Ravizza 1993a.

———. 1996. "Libertarian Freedom and the Principle of Alternative Possibilities." In *Faith, Freedom, and Rationality*, ed. Jeff Jordan and Daniel Howard-Snyder. Lanham, MD: Rowman and Littlefield.

———. 1999. "Dust, Determinism, and Frankfurt: A Reply to Goetz." *Faith and Philosophy* 16: 413-422.

———. 2003. "Moral Responsibility Without Alternative Possibilities." In Widerker and McKenna 2003.

Taylor, Richard. 1963. *Metaphysics*, 1st edn. Englewood Cliffs, NJ: Prentice-Hall.

———. 1992. *Metaphysics*, 4th edn. Englewood Cliffs, NJ: Prentice-Hall.

Timpe, Kevin. 2008. *Free Will: Sourcehood and Its Alternatives*. London: Continuum.

Unger, Peter. 1984. *Philosophical Relativity*. Oxford: Blackwell.

van Inwagen, Peter. 1975. "The Incompatibility of Free Will and Determinism." *Philosophical Studies* 27: 185-199. Reprinted in Pereboom 1997; page numbers refer to this latter edition.〔「自由意志と決定論の両立不可能性」，前掲『自由と行為の哲学』所収〕

参考文献

———. 1978. "Ability and Responsibility." *Philosophical Review* 87: 201-224. Reprinted in Fischer 1986a; page numbers refer to this latter edition.

———. 1980. "The Incompatibility of Responsibility and Determinism." *Bowling Green Studies in Applied Philosophy* 2: 30-37. Reprinted in Fischer 1986a.

———. 1983. *An Essay on Free Will*. Oxford: Clarendon Press.

———. 1989. "When is the Will Free?" *Philosophical Perspectives* 3: 399-422. Reprinted in O'Connor 1995.

———. 1998. "The Mystery of Metaphysical Freedom." In *Metaphysics: The Big Questions*, ed. Peter van Inwagen and Dean Zimmerman. Oxford: Blackwell.

———. 2000. "Free Will Remains a Mystery." *Philosophical Perspectives* 14: 1-19. Reprinted in Kane 2002b; page numbers refer to this latter edition.

———. 2004. "Van Inwagen on Free Will." In Campbell, O'Rourke, and Shier 2004a.

———. 2008. "How to Think about the Problem of Free Will." *Journal of Ethics* 12: 327-341.

Van Straaten, Zak, ed. 1980. *Philosophical Subjects*. Oxford: Clarendon Press.

Vargas, Manuel. 2005. "The Trouble with Tracing." *Midwest Studies in Philosophy* 29: 269-291.

Vihvelin, Kadri. 1996. "What Time Travelers Cannot Do." *Philosophical Studies* 81: 315-330.

———. 2004. "Free Will Demystified: A Dispositional Account." *Philosophical Topics* 32: 427-450.

———. 2008. "Compatibilism, Incompatibilism, and Impossibilism." In *Contemporary Debates in Metaphysics*, ed. Theodore Sider, John Hawthorne, and Dean Zimmerman. Oxford: Blackwell.

———. Manuscript. "Classical Compatibilism and Commonsense."

Vilhauer, Ben. 2009. "Free Will Skepticism and Personhood as a Desert Base." *Canadian Journal of Philosophy* 39: 489-511.

Wallace, R. Jay. 1994. *Responsibility and the Moral Sentiments*. Cambridge, MA: Harvard University Press.

Warfield, Ted A. 1996. "Determinism and Moral Responsibility are Incompatible." *Philosophical Topics* 24: 215-226.

Watson, Gary. 1975. "Free Agency." *Journal of Philosophy* 72, 205-220. Reprinted in Fischer 1986a.

———. 1987a. "Free Action and Free Will." *Mind* 96: 145-172.

———. 1987b. "Responsibility and the Limits of Evil: Variations on a Strawsonian Theme." In Schoeman 1987. Reprinted in Fischer and Ravizza 1993a.

Westphal, Jonathan. 2003. "A New Way with the Consequence Argument, and the Fixity of the Laws." *Analysis* 63: 208-212.

Widerker, David. 1987. "On an Argument for Incompatibilism." *Analysis* 47: 37-41.

———. 1995a. "Libertarian Freedom and the Avoidability of Decisions." *Faith and Philosophy* 12: 113-118.

———. 1995b. "Libertarianism and Frankfurt's Attack on the Principle of Alternative Possibilities." *Philosophical Review* 104: 247-261.

———. 2000. "Frankfurt's Attack on the Principle of Alternative Possibilities: a Further Look." *Philosophical Perspectives* 14: 181-201.

———. 2002. "Farewell to the Transfer Argument." *Journal of Philosophy* 99: 316-324.

Widerker, David and Michael McKenna, eds. 2003. *Moral Responsibility and Alternative Possibilities: Essays on the Importance of Alternative Possibilities*. Aldershot, UK: Ashgate

Publishing Company.

Wilson, George. 2009. "Action." In *The Stanford Encyclopedia of Philosophy (Fall 2009 Edition)*, ed. Edward N. Zalta. http://plato.stanford.edu/archives/fall2009/entries/action/

Wittgenstein, Ludwig. 1969. *On Certainty*. G. E. M. Anscombe and G. H. von Wright, eds. Trans. G. E. M. Anscombe and D. Paul. Oxford: Blackwell.〔『確実性の問題』,『ウィトゲンシュタイン全集』第9巻所収,黒田亘(訳),大修館書店,1975年〕

Wolf, Susan. 1990. *Freedom Within Reason*. Oxford: Oxford University Press.

Wood, Allen. 1984. "Kant's Compatibilism." In *Self and Nature in Kant's Philosophy*, ed. Allen Wood. Ithaca: Cornell University Press.

Wright, Chrispen. 2004. "Wittgensteinian Certainties." In *Wittgenstein and Scepticism*, ed. Denis McManus. London and New York: Routledge.

Zagzebski, Linda. 1991. *The Dilemma of Freedom and Foreknowledge*. New York, NY: Oxford University Press.

———. 2002. "Recent Work on Divine Foreknowledge and Free Will." In Kane 2002a.

———. 2008. "Foreknowledge and Free Will." In *The Stanford Encyclopedia of Philosophy (Fall 2008 Edition)*, ed. Edward N. Zalta. http://plato.stanford.edu/archives/fall2008/entries/freewill-foreknowledge/

Zimmerman, Dean. 2011. "Presentism and the Space-Time Manifold." In *The Oxford Handbook of Time*, ed. Craig Callender. Oxford: Oxford University Press.

Zimmerman, Michael J. 1997. "Moral Responsibility and Ignorance." *Ethics* 107: 410–426.

日本語参考文献

　ここでは日本語で読める自由意志についての文献のうち，本書の内容と関連が深いものをいくつか紹介したい．

1)　門脇俊介，野矢茂樹(編・監修)『自由と行為の哲学』，春秋社，2010 年
　現代の自由意志論と行為論の代表的な論文を収めたアンソロジー．自由論のパートである前半部には，ピーター・ストローソン，フランクファート，ヴァン・インワーゲンといった，本書でも主題的に論じられた哲学者の論文が収録されている．いずれも現代の自由意志論における最重要文献であり，自由意志についてより本格的に学びたい読者には必読だろう．またこのアンソロジーの序論は編者の野矢茂樹氏による論文の紹介，および自由意志論・行為論の導入であるが，こちらも平易かつ巧みな語り口で書かれており，一読をおすすめする．

2)　鈴木生郎，秋葉剛史，谷川卓，倉田剛『現代形而上学――分析哲学が問う，人・因果・存在の謎』，新曜社，2014 年
　現代形而上学の体系的な入門書で，第 2 章が自由意志に関する章となっている．コンパクトながら自由意志論の主要な論点を網羅的におさえた良書であり，本書を読んで少し難しく感じられた方は，まずこの本を手に取ってみるとよいかもしれない(そのあとでもう一度本書にチャレンジしていただきたい！)．

3)　トーマス・ピンク『哲学がわかる 自由意志』，戸田剛文，豊川祥隆，西内亮平(訳)，岩波書店，2017 年
　オックスフォード・ベリー・ショート・イントロダクションシリーズ(VSI シリーズ)の 1 冊．論述は簡明で読みやすく，現代的な議論だけではなく，中世から近代にかけて自由意志がどのように論じられてきたかという歴史的な側面もカバーされている．本書の理解を補完するうえで有用であろう．

4)　成田和信『責任と自由』，勁草書房，2004 年
　現代の自由意志・道徳的責任の哲学についての本格的な研究書．著者は本書でも論じられた「傾向性主義」に近い両立論を擁護しており，非常にきめ細かい仕方で論が展開されている．両立論的な議論についてより深く知りたいと感じた読者におすすめの 1 冊である．

番外編として，（手前味噌で恐縮だが）訳者が哲学雑誌『フィルカル』(1 巻 1 号〜2 巻
1 号，株式会社ミュー)に 3 回にわたって連載した自由論の入門記事を挙げておきたい．
第 1 回では自由意志と決定論の問題を導入した後，フランクファート事例，およびフラ
ンクファートの「二階の欲求説」を紹介している．第 2 回では操作論証，第 3 回では運
の問題がそれぞれ主題的に検討されている．いずれも本書で扱われた論点なので，より
発展的に学びたい，もしくは理解を補完したい方に是非手に取っていただきたい．

解　説

「自由意志」を論じるとはどういうことか
●
一ノ瀬正樹

自由／不自由

「自由」. この言葉を聞いて，皆さんはどのような感触をもつだろうか.「自由でない」という事態に焦点が当てられるならば，多くの人々にとって「自由」は，獲得されるべき，あるいは保持されるべき，正の価値をもつ概念だろう. 私などは，1960年代のヒッピー時代を思いだしてしまう. 既成の体制や権威や価値観に抗って，「愛，平和，自由」を，そして「自然」を，称揚した，あの運動である. 運動の渦中にいた当時の若者たちは，外的な何かに拘束されることをよしとせず，恋愛，ファッション，ドラッグなどに自由を求めた. 彼らにとって「不自由」は克服すべき負の様態だったのである. おそらく，ヒッピーの運動が掲げた「自由」の理念は，今日においても依然として相応の影響力を保っているといえるのではなかろうか. 権威や既成の体制に抵抗するという反骨的姿勢にヒロイズムを感じるという，1つの類型をなす心性は，当人の自己理解はどうあれ，ヒッピー風の「自由」の名残のように思われる.

　けれども，「自由」が自己責任と強く結びつくとき，人によっては，そうした「自由」こそが不安をもたらす場合もある. 私たちが自立した個人として「自由」であるということは，見方を変えれば，自分だけの裁量で孤独に物事に当たっていかなければならない，ということでもあるだろう. たとえば，何か特別な祝賀会でスピーチを頼まれたことを想像してほしい.「自由に話してください」と言われたとき，よしきた，と思う話し慣れた人もいるかもしれないが，戸惑ったり緊張したりする方も少なくないだろう. まして，「できるだけあなたらしいユニークなスピーチをお願いします」などと言われたら，緊張は増してしまう. 結局，スピーチネタ例文集を頼ったり，誰かに相談したりしてしまうのではないか. 社長や首長などが，スピーチどころではない，自他の生活に関わる案件で自由な決定権を与えられた場合には，そうした緊張や不安

141

はもっと大きく，何かに頼りたくなってしまうだろう．万人が「自由」という重荷に耐えられるわけではないのである．エーリッヒ・フロムがかつて指摘した「自由からの逃走」である．個人として自立しても，それはひるがえって孤立・孤独にほかならないことになり，新たな権威への従属を呼び起こしてしまう．「自由」は，そうした面ももつのである．

　「自由」は，本当に，本当に，困難な問題なのである．それは正の価値をもつのか，それとも私たちを不安に陥れるものなのか．また，端的かつ字義通りに「自由」を求めても，私たち自身がもともと多くの制約の中で生きている以上，そうした「自由」などありはしない，ということになるのではないか．けれど，他方で，私たちは自分でいろいろなことを決めることができるように感じる．やっぱり「自由」があるのではないか．いやいや，じつは私たちが自由に決断できるといったって，実際は，決断に先行して，いろいろな影響を受けてしまっているのではないか．少し考えるだけで，直観的にこのような疑問が出てきてしまうだろう．本書や本解説で触れる，自由についての論争は，この直観的な疑問にすべて集約されているといっても過言ではない．

　実際，「自由」の困難性は，ほとんど定義的なものですらある．つまり，「自由」はある種のジレンマを本来的に内包しているように思えるということである．「自由」を獲得すべき正の価値をもつものとして求めるならば，そのとき私たちはそうした「自由」に見事にからめ取られているのであり，その意味で強い束縛を受けている．「自由は素晴らしいことだ」という見解以外の見方を受け入れる自由を奪われてしまっているのである．要するに「不自由」なのである．同じことは，「自由」を嫌い，他者に依存したり従属したりすることを好む場合には，いっそう明白に妥当する．その場合は，みずから束縛という「不自由」を求めているのだからである．けれども，「自由」を希求することも忌避することも，いずれも，そのこと自体は「自由」に選択されたことであるともいえるのである．ということは，すなわち「自由」から始まったものは「不自由」におのずと至る，ということである．ジレンマと呼んでよいのではなかろうか．

　しかし，さらに掘り下げていけば，すでに触れたように，そのような最初の選択もまた，それに先立つ自分ならざる外的なものからの影響ともいえそうで

解説 「自由意志」を論じるとはどういうことか

ある．「権威・権力への抵抗」というあり方の背後には，たとえば，ジャンヌ・ダルク，天草四郎，幕末の志士たちといった，歴史的に多くの，そして悲劇に終わりがちの，英雄物語がある．それに魅力を感じ，影響を受けた結果として「権威・権力への抵抗」にヒロイズムを感じるようになったとするなら，そうした文脈で追求されていた「自由」は，「自由」な選択とは言いがたいだろう．「自由」を忌避する場合も同様である．自立して孤独の中で，自己責任を負いながら何かをすること，それが過重な負担であると，経験から身にしみ，あるいは，多くの知見や情報から恐れるに至ったとするなら，外的な状況によって「自由」を忌避するようになったとしかいえないのではなかろうか．かくして，「自由」は，その帰結においてもその源泉においても「不自由」へと反転し，自家撞着の暗闇へと霧消してしまうように感じられる．はたして，私たちは，「自由」を語るとき，何を問題にしようとしているのだろうか．

束縛・拘束がない

「自由」をめぐるこうした困難性は，そもそも「自由」という言葉の意義から発しているともいえそうである．「自由」とは，文字通りに受けとる限り，「自らに由る」ということであり，それは言い方を換えれば，「自ら」ではないものには由らない，ということであろう．私たちの日常言語に素直に従うならば，「自ら」ではないものには由らない，というのは，外的なものに「束縛されてない」，「拘束されていない」，というように表現することができるだろう．このことは，英語の "free" に即しても確認できるのではないか．"free" とは，「何々から免れている」ということであり，それは，「自ら」でないものには由らない，という意義に対応していると理解できる．私の手元にあるオックスフォード英語辞典によれば，"free" とは，'not under the control or in the power of somebody else'*1とある．他なるもののコントロールや力の下に置かれていない，ということである．つまりは，束縛や拘束から免れている，ということだろう．

けれども，束縛や拘束とは何だろうか．ごくごく正直にとらえて，私自身，いかなる束縛や拘束からも免れているなどと感じたことは金輪際ただの一度もない．私たち人間には肉体がある．肉体は，ものすごく大きな制約ではないか．

143

寝ずにぶっ通しで仕事をすることはできない．生身のまま海中に1時間潜っていることはできない．永遠に若くいることはできない．歯のケアをしないで歯を健康に保つことはできない．私たちは，どんなに低く見積もっても，肉体からの拘束を受けている．というよりむしろ，肉体からの拘束を受けている，ということが人間として生きているということの基盤であろう．

　そして，私たち人間には心もある．感情がある．なので，冷静沈着でいることが良いとわかっていても，感情的になってしまうことがある．衝動的に何かをしでかしてしまうことさえある．また，同じフレーズを繰り返しやさしく聞かされると，洗脳されてしまうこともある．各国のナショナリズムの現状，教育の影響，などを思いだしてほしい．私たちの心は，感情などの内的制約を受けるだけでなく，外部からの影響やコントロールに支配され，それに誘導されがちなのである．実際，私たちは心理的バイアスを免れない，というのは今日の行動経済学などが明らかにしてきた人間本性である．私たちは，すなわち，冷静で中立的な見方をすることが困難な存在なのである．そうしようと思っても，できないのである．そういう心理的束縛のもとで暮らしているのである．ややシニカルにいえば，束縛や拘束をつねに受けていること，それこそ私たち人間が生きるデフォルトの条件なのである．

　したがって，もし「自由」が，字義通りに，私たち人間が束縛や拘束を免れている，という事態を意味するのだとすれば，そもそものはじめから，「自由」なるものはただの幻想である，それどころか概念として語義矛盾である，という見方がおのずと帰結しなければならない．にもかかわらず，大変不思議なことに，私たちの言語空間の中で，「自由」は立派に機能している．「どうぞご自由にご覧ください」，「自分の自由意志で選んだ投資なのだから，大損をしても自己責任でしょう」といった表現の理解可能性を疑う人はいないのではないか．だとしたら，どう考えるべきか．少なくとも私には，2つの理論的可能性がすぐに思い浮かぶ．

　1つは，「自由」と「束縛・拘束がない」こととを等値する，という理解をやめることである．この可能性の中には，「自由」という言葉は，実際には，「束縛・拘束がない」ことを厳密に意味するものとして使用されているのではなく，「自由」という言葉が醸し出す印象や表象が与える影響の有効性によっ

解説 「自由意志」を論じるとはどういうことか

て有意味に機能している，という見方も含まれる．言語行為論でいうところの
「発語媒介行為」（perlocutionary act）としての様態にこそ，「自由」という言葉
を使用するときの核心的な意義を位置づけるべきだ，とする考え方である．
「発語媒介行為」とは何か．たとえば，教室で教員が私語をしている学生に向
かって「そこうるさいよ」と発言したとき，それは単に「そこが騒がしい」と
いう事実を記述したのではなく，そう発言することで静かにさせようとしたの
であり（その意味で単なる記述を超えた行為すなわち「言語行為」なのであり，
ここでの行為の様態はおおよそ「発語内行為」（illocutionary act）と呼ばれるも
のに対応する），さらには，図らずも，そう発言することでその教員を甘く見
てはいけないというある種の緊張感を与える効果も生んでいる．こうした発話
内容の意味を超えた効果を生むことを，発話に関する「発語媒介行為」と呼ぶ
のである．

　歴史的に見れば，「俺たちに自由を」と叫んで，虐げられた民族や階級が抗
議活動をしたことが幾度もある．こうした場合，「自由」は，ある種の強力な
スローガンであって，真正の意味で「拘束・束縛がない」ということを意味し
ているわけではない．たとえば，そのように抗議をしている民族内や階級内に
おいて特有の束縛・拘束があることは，たぶん織り込み済みであり，黙認され
ているのである．しかし，「自由」という言葉は，そのような不純性をすっ飛
ばして，抗議が向けられている権威や権力に刃のように突き刺さる．抗いがた
い正当性を身にまとわせている言葉だからである．このような，言葉のもつ威
力という審級において，「自由」は機能していると考えることが可能だろう．

何かに関する自由，そして自由意志

　もう1つは，「自由」を，「あらゆる」拘束・束縛から免れている，というよ
うな無制限の全称化をすることを自覚的に排して，何かに関して，あるいは何
かの観点からの「自由」，という限定を加えて「自由」を理解する，という可
能性である．この方針の中には，何かの基準に照らして「自由」に程度概念を
適用する，すなわち，「自由度」と呼ぶべき考察領域を設定する，という議論
の立て方も包含されるだろう．

　「自由度」という言い方については，もしかしたら奇異に感じられる方々も

145

いるかもしれない．「自由」は，成立しているか，成立していないか，どちら
かなのではないか，と．しかし，虚心坦懐に日常言語を振り返ってみるならば，
「自由度」概念はむしろ普遍的だし，きわめて自然であることに思い至る．た
とえば，海外旅行に行くとき，独身の人，乳幼児のいる人，ペットのいる人，
要介護の家族がいる人，などを比較してみるとよい．一般市民にはたしかに渡
航の自由はあるけれども，明らかに，自由に海外旅行に行ける度合いはそれぞ
れ異なっているというべきではないか．あるいは，対向車線の車がセンターラ
インを越えて急にこちらに向かってきたので，ハンドルを切って，その結果人
を轢いてしまった人と，スマホに気をとられて前方不注意で人を轢いてしまっ
た人とを比較してもよい．前者の場合でも，向かってきそうな対向車線の車に
対応する仕方はいくつかはあり，歩行者に注意を向ける可能性もあった．つま
り，いくつかの選択肢の中から自由に選べたはずであり，それによって悲劇を
避ける可能性もあった．けれども，そうした裁量の度合いは，前方不注意の人
よりもずっと低いと感じられるのではないか．前方不注意の人は，自分の意志
で自分の行動をいくらでもコントロールできたのであり，対向車線の車に対応
した人に比べて，裁量範囲はずっと大きく，その意味で自由の度合いが高かっ
たといえるのではなかろうか．

　このような議論の方向性から，「自由意志」という問題が立ち上がってくる
背景が理解できるのではないだろうか．「自由」を，そのまま裸の状態で論じ
るのではなく，「意志」についての「自由」という，文脈上の制限を付けて論
じるという議論領域である．この場合，いわば定義上，「意志」そのものが制
限要素として入ってくることが織り込まれる．したがって，私たち生物が，身
体的制限，時間的・空間的制限を受けているので「自由」とはいえない，とい
った論の立て方は最初から排除されて，「意志」が自由か，という限定付きの
問いが考察されることになるのである．むろん，そうはいっても，私たちの意
志は自由である，という肯定的な結論がはじめから前提されるわけではない．
意志の自由は不可能だ，という立論可能性も許容される．

　このような「自由意志」の問題について，哲学にはいわば「お作法」がある．
それは，「決定論」（determinism）と付き合わせてその可能性を論じる，という
やり方である．そしてそのことは，論理的な含意として，「自由意志」と「非

146

決定論」(indeterminism)とを対照させて論じる，という道筋をも開く．「決定論」と「自由意志」が折り合いが悪ければ，「非決定論」とは親和するのか，という問いがおのずと導かれるからである．哲学では，およそヘレニズム時代を皮切りにして，このような文脈で「自由意志」の可能性が連綿と議論されてきたのである．

決定論の謎

本書『自由意志』は，この伝統的な哲学の議論が現在どのように展開されているのか，それを知るのに格好の書物である．細部に入り込むと議論を追跡するのにやや難しく感じられるかもしれないが，難しく感じられるところこそ，問題の核心に触れる箇所だと心得てほしい．問題の核心に近づくと，どんな哲学者でも，議論がふらついてくる．当然だろう，哲学の扱う問いというのは，もともと困難なものなのだ．困難なものに本当に触れつつあるとき，議論は揺らいでくる．むしろ，それが自然である．明快でわかりやすいというのは，じつは，語っている内容は真に哲学的な問いに迫ってはいない，ということの証しなのだ．

とはいえ，全然わからない，というのでは困ってしまうだろう．その事態を避けるため，この解説の場で，思いっきり要点を要約して，困難な真の問いに向かうのに少しでも役立つ海図を提供できたら，と希望している．まず示すべきは，そもそも「決定論」とは何であり，なぜそれが「自由意志」の成立にとって問題になるのか，という最も基本的な論点であろう．

本書の著者キャンベルの記述に従うと，決定論とは「過去と自然法則が与えられれば，ただ1つの可能な未来しか存在しない」(p. 22)，あるいは「宇宙における任意の過去の状態の完全な記述と自然法則とが合わさって，各々の，そしてすべての真なる命題を含意するとき，かつそのときに限り」(p. 23)決定論は真になる，というようにも規定されている．

たとえば，私がいまキーボードをたたいていること，この事象は，宇宙開闢以来，この瞬間この場所で発生することがあらかじめ決定されていた，とするような考え方のことである．このことは，日常的感覚からしても，理解できないことではない．人生の中で思いがけない出来事に遭遇したとき，たとえば，

自分の進路を根本から変えてしまうような人物と邂逅したとき（結婚相手も含めようではないか！），ああこれは自分の定めなのだ，などと思いなすことがあるのではないか．「定め」，そう，それはずっと前から決まっていたことなのだ，自分の力で変えることはもとからできないことだったのだ，という理解の仕方である．こうした理解の仕方は，「運命」という言葉によって的確に表現できる．なので，決定論的理解がこのように自分の生き様に適用されたとき，それは特に「運命論」と呼ばれる．実際，自分の進路を決定づけるような人のことを，私たちはしばしば「運命の人」などと呼ぶのである．キャンベルが引いている言い方に沿うならば，「私たちは実際になすこと以外のどんなことをする力ももたない」(p. 6)という理解の仕方，これが運命論の規定である．明らかに，決定論の1つのコロラリーである．

　ただ，こうした決定論について，私自身はかなり冷めた見方を以前からしており，それを表明もしてきた．そもそも，どのようにして決定論が成立していることが理解可能なのか，という疑問がどうしても湧出してしまうのである．私たち人間の認識能力にはおびただしい制約がある．その制約の中で，過去の森羅万象はあらかじめ決定されていて，なおかつ，未来の森羅万象もすでに決定されている，などと述べる権限が私たちにあるのだろうか．大体，決定されているといったって，どのように決定されているのかは私たちにはわからないわけである．なぜか．私たちの認識能力には制約があり，すべてを見通すことはできないからである．そのように応答するのだったら，なにゆえ，未来の森羅万象が決定されている，などという途方もない主張ができると思うのだろうか．それこそ，まるっきり私たちの認識能力を超えた事柄なのではないか．

　こう論じると，必ずや反論される．私の疑問は How do you know? にほかならず，すなわち認識論的な疑問であるが，決定論が問題になる文脈というのは，認識論ではなく形而上学なのだ，という反論である．たしかに，この反論は理にかなっているように聞こえる．けれども，そうなると，2つの新たな疑問が湧く．第1に浮上する疑問は，そもそも認識論と形而上学はそのようにすぱっと峻別できるものなのだろうか，という疑いである．形而上学は，「神」，「時間」，「存在」，（一人称の）「死」，「無限」など，私たちの認知できる範囲を定義的に超えた主題について扱う分野である．けれども，では何を素材として

148

解説　「自由意志」を論じるとはどういうことか

論じるのか．概念である．つまりは，そうした概念を表現する言葉の用法である．たとえば，（キリスト教的一神教の）「神」という言葉は，全知全能全善の創造主という意味で使われており，それを踏まえて形而上学的探求が展開される．しかし，そうならば，言葉の用法について「知る」ということが基盤になるのではないか．それは認識論に深く関わるのではないか．

　もう1つは，決定論が形而上学的主張であって，人間の認識を超えている分野の議論なのだ，とするなら，世界が決定されているありさまについて実際に見通せるのは，それこそ「神」しかいないことになる，という点にまつわる疑問である．キャンベルは，本書23頁でいわゆる「ラプラスのデモン」に言及しながら，決定論の説明を与えているが，それはまさしく，「神」のみが決定論のありようを確認できる，という事態を図らずも露わにしている．しかし，そうであるなら，「決定論」を論じるとき，私たちは「神」の概念にまつわる，中世以来このかたずっと神学論争のような形で論じられ続けてきた多様な背理を引き受けることにならざるをえない．

　たとえば，全能なる神は，重すぎて彼自身がもち上げることのできない石を作ることができるだろうか，という問題がある（セインズブリー 1993: 303）．「できる」と答えても，「できない」と答えても，いずれでも矛盾に陥ってしまうというパラドックスである．「全能」という概念が，このような問題性を内在させているのである．しかるに，決定論的世界を統べる「神」は，まさしく全能ゆえに，不確実性を完全に免れてすべてを単一の道筋として予測できる，とされていたのではなかったか．アインシュタインの有名な言葉「神はサイコロを振らない」を想起せよ．しかるに，そうだとしたら，決定論に関しても，先の重い石の場合と（まったくパラレルではないとしても）似たような議論が発生しうると思われる．神は，宇宙の森羅万象に関して「過去とそれを説明する自然法則が与えられたとしても，無限数の可能な未来が存在する」，言い換えれば，神は「宇宙の森羅万象は利那利那ランダムに発生する」というように世界を創造することはできたか，という問いを提起せよ．「できた」とすると，神は森羅万象の予測ができないことになり全能性に反するし，「できなかった」とすると直接的に神の全能性に反する，とならざるをえないのではなかろうか．

　このように，「決定論」という概念が疑わしいとするならば，それを否定し

149

た「非決定論」を受け入れるべきなのだろうか. すなわち,「非決定論」こそ
が前提すべき基礎概念ととらえるべきなのだろうか. それとも,「決定論」と
「非決定論」は1枚のコインの裏表であり,「決定論」が不明瞭であるならば,
その否定の「非決定論」も内実の明瞭でない(何を否定しているのかが判然と
しない)考え方であるとして, ともに斥けるべきなのだろうか.

　判断に迷うが, はっきりしてきたことはある. それは,「決定論」との突き
合わせを骨子として「自由意志」についての議論が連綿と続いてきたとするな
ら, そして,「決定論」が中身のよくわからない考え方であるとするなら,「自
由意志」についての論争はいわば宿命的に迷走していく定めにあらざるをえな
い, ということである. 私が理解する限り, 本書『自由意志』は, この迷走し
てゆくありさまを見事に描ききっているのである.「自由意志」は, 筋金入り
の哲学の難問である. 私の経験からして, 難問が難問であるもやもやした様子,
それを味わうことこそが哲学の醍醐味である.

両立論／非両立論

「決定論」自体の検討が長引いてしまった. なにゆえ「自由意志」の問題に
「決定論」が関わってくるのかについて述べなければならない. キャンベルの
記述に従おう.「自由意志」の基本的とらえ方については, 古典説(the classic
view)と源泉説(the source view)の2つがある. 古典説とは,「ひとが自由意志
をもつのは, 他の仕方で行為することができるときに限る」(p. 5)という考え方
であり,「自由意志」を他行為可能性をもたらす能力として把握する立場であ
る. これに対して源泉説とは「ひとが自由意志をもつのは, 他の仕方で行為す
ることができるかどうかによらず, 彼が自身の行為の源泉であるときに限る」
(p. 5)というものであり, この場合の源泉性は, 絶対的・究極的な源泉である
ことを要請する立場から, 適度な源泉であることのみを要請する立場まで, 多
様性があるとされる(pp. 5-6). そしてキャンベル自身は, さしあたり,「行為
者が自由意志をもつのは, 彼の行為が彼次第である(up to him)とき, かつそ
のときに限る」(p. 6)という立場を表明している. この, いわば「行為者次第性
説」は, 古典説とも源泉説とも折り合いをつけることのできる, 一般性の高い
とらえ方である.

解説　「自由意志」を論じるとはどういうことか

　賢明な読者は，すでにこの段階で，「自由意志」概念の迷宮性を感じとるで
あろう．他行為可能性能力というのは，可能性や能力としては，そもそも検証
できない．いったん1つの行為が遂行されてしまえば，（「過去を変えること
ができる」という，常識に反する考えを許容しない限り）事実としては，他の行
為は不可能である．つまり，じつは，他行為可能性は，原理的に検証不能なの
である．この点は，能力や可能性という概念一般に関して提起しうる疑念とな
るだろう．つまり，自由意志の古典説は，能力や可能性概念一般の迷宮性をあ
ぶりだす，1つのきっかけになりうる．

　また，源泉説に関しても，「源泉である」ということが致命的に不明瞭であ
ることは直ちに明らかである．「源泉である」という観念は，まちがいなく，
因果的関係性と連なっている．だとすれば，因果概念にまつわる迷宮性をその
まま引き受ける宿命のもとにある．「どっちも五十歩百歩だ」と私が述べたと
しよう．この発話の源泉・原因は何か．私自身か．私の発話意志か．発話対象
となっている現象か．それとも，私が受けた日本語教育か．それとも，私が生
まれる前の過去の日本人たちの言語実践の蓄積か．たぶん，確定的かつ絶対的
な答えは出せない．源泉性・原因性とはそうしたものなのである*2．いずれに
せよ，自由意志論というのは，最初の出発点からして，ただならぬ暗雲垂れこ
める主題なのである．むろん，だからこそ，哲学の議論にふさわしいのだ，と
もいえるわけだが．

　問題は，このように理解される「自由意志」概念に，「決定論」を付き合わ
せた場合である．

　ここで，「両立論」(compatibilism)／「非両立論」(incompatibilism)という自由
意志論の中でのお決まりの対比が登場する．この対比は，概念的にはきわめて
明快である．自由意志と決定論とが両立する，すなわち，決定論が成立してい
ても自由意志は有意味に成立する，という立場が両立論である．それに対して，
決定論が成立しているならば，自由意志は不可能であるが，それでも自由は有
意味に成立している（なので決定論はじつは成立していない）とする立場があり，
それは「リバタリアニズム」(libertarianism)と呼ばれる．「リバタリアニズム」
は「非両立論」の代表である．

　ちなみに政治哲学の文脈でも「リバタリアニズム」という立場があり，それ

151

は，自由を重視し，経済は市場に任せて，あまり福祉的な政策を政府が大々的に行わず，小さな政府を志向する考え方のことである．それに対して，政府は福祉に大々的に関与するべきであると主張し，大きな政府を志向する考え方は「リベラリズム」と称され，「リバタリアニズム」と対比されることがある．しかしじつは，「リバタリアニズム」という名称は，この自由意志論での「リバタリアニズム」が先行していたのである．むしろ，政治哲学での「リバタリアニズム」が，自由意志論の「リバタリアニズム」にもとづいてそのように称されたという経緯がある(Fischer, Kane, Pereboom, and Vargas 2007: 3 を見よ)．

　また，決定論が成立しているならば，端的に，そもそも自由は不可能である，と論じる立場もかなり有力であり，それはしばしば「強硬な決定論」(hard determinism)と呼ばれる．これも，「リバタリアニズム」と並んで，「非両立論」の１つである．キャンベルによれば，この「強硬な決定論」は「自由意志についての懐疑論」(free will skepticism)(p. 25)の一種である．自由意志の存在を疑う立場だからである．私が先に述べてきたことを勘案するならば，こうした懐疑論の立場にも十分な理があることがわかっていただけるだろう．自由を完全否定した哲学者スピノザの例を出すまでもなく(p. 97)，「自由意志」は幻想であり虚構なのだとする立場は，案外に伝統に根ざす見方なのである．ある種の虚構主義である．けれども，こうした虚構主義は，常識外れの，哲学者の戯れ言にすぎないといってはならない．実をいえば，制度的なものはおしなべて虚構性のもとに成り立っているのであり，しかし，だからといって実際的効果を欠くとはいえないからである．「夫婦」の概念について考えてみよ．これを証する，客観的・実在的な根拠などどこにもない．夫や妻の細胞や DNA を分析して，「夫婦」であることを証拠立てることはできない．つまり，じつは夫婦関係というのはある種の虚構なのである．けれど，その関係性の社会における重大な意義を疑う人などいないだろう．この点は，すべての制度的事態に当てはまる．

　いずれにせよ，キャンベルによれば，自由意志論において「現代の３つの中心的な見解」とは「リバタリアニズム，両立論，そして自由意志についての懐疑論」である(p. 25)，とされる．哲学の自由意志論にはじめて接する読者もいるであろうことを考慮して，少しでもわかりやすくするために，以上の論争状

152

解説 「自由意志」を論じるとはどういうことか

況を表にしておこう. 表中の「自由意志テーゼ」とは, キャンベルのいう「自由意志をもつひとが存在する」(p. 1)というテーゼのことである.

表 自由意志テーゼと決定論との関係

	決定論が成立する	決定論が成立しない
自由が成立する (自由意志テーゼ肯定)	両立論	リバタリアニズム (非両立論)
自由が成立しない (自由意志テーゼ否定)	自由意志についての懐疑論 (非両立論)	

リバタリアニズム

ここで2点, 注記しておこう. 第1の点は次のようだ. キャンベルが記しているように, 「穏健な決定論」(soft determinism)と呼ばれる立場もある. これは, かつてウィリアム・ジェイムズが提案した呼称で, 決定論は認められ, そして私たちの行為には厳密には他行為可能性はないのだが, 強制や強要によって行為していないときには自由に行為しているといえるのだ, とする立場である. 通常の理解では両立論と同じである. けれども, キャンベルはどうやら「穏健な決定論」と「両立論」とを区別しているようである. 両立論とは, 「まったく同一の行為が自由でありかつ完全に決定されていることがありうる」(p. 25)という主張であり, それは, 世界が決定論的に成り立っているということを文字通りに受け入れているわけではない. それゆえ, 上の表に示したように, 両立論は「自由意志が成立する・決定論が成立しない」という領域にも広がっている立場である. つまり, 世界が決定論的に成り立っていたとしても, 自由と両立する, という主張である. それに対して, 「穏健な決定論」は, 世界が決定論的に成立していると字義通りに受け入れる立場で, その上で, 自由意志の成立する場面を承認する立場である. すなわち, 「自由が成立する・決定論が成立する」という領域にのみ当てはまる立場である. このように「両立論」と「穏健な決定論」との微妙な違いに目配りする理由は, 「決定論」という考え方が, 不確定性原理にもとづく量子論の考え方(コペンハーゲン解釈)が一般的に認められている現在, 字義通りには受け入れにくいという現状を考慮した

153

整理であると思われる.

　そして，この点から推すと，「強硬な決定論」と「自由意志についての懐疑論」も，両者とも非両立論に属すことは共通だとしても，微妙に相違することが見込まれているのだろう.「強硬な決定論」は，決定論が成り立つことを認めて，その上で，決定論と自由意志は両立しないので，自由はまったく不可能だと論じ及ぶ立場だが，「自由意志についての懐疑論」は，決定論が実際にあまねく成り立っているかどうかは別にして，端的に，かつ全面的に自由意志の存在を否定する見方のことを指している.

　このような確認から，第2の注意点が導かれる.それは，決定論を認めず，かつ「自由意志テーゼ」を否定する，という懐疑論の立場の部分についてである.この立場も十分にありうることを確認しておきたい.まず，決定論について，量子力学などをもち出してその説得性を減じさせるというキャンベルの論点を認める限り，決定論は成立していない（おそらくそれは「非決定論が成立している」という主張となる）という前提をデフォルトにしなければならないように思われる.そして，現在の学問状況からして，とりわけ行動経済学や進化心理学や脳科学などの知見に照らすならば，私たちの行為に源泉性や行為者次第性を読み込むことは必ずしも的確ではないことが露呈されるようになってきた.「私たち次第である」といえる以前の段階で，多くの生物的ファクターや認知的制約が課せられてしまうというのが，今日の学問状況に沿った人間観だからである（この点については，本シリーズ中の『非合理性』をぜひ参照してほしい）.だとしたら，決定論は成り立たず，そして自由意志の存在も怪しい，という見方が出てきても一向に不思議でない.

　いずれにせよ，キャンベルのいう3つの中心的な見解も，現状では，すべて問題含みで未決である.以下，簡単なマッピングを記しておこう.まず「リバタリアニズム」だが，この立場の根底には，ヴァン・インワーゲンが提起した，いわゆる「帰結論証」がある（pp. 25-26）.決定論が真ならば，私たちの行為は過去と自然法則からの帰結にすぎず，私たちの行為者次第性は欠如している.よって，決定論が成り立つならば私たちに自由意志はない.しかるに「自由意志テーゼ」を否定はできない.なので，決定論はまちがっており，私たちには行為者依存性のもとでの自由意志がある，という含意をもつ論法である.かく

解説 「自由意志」を論じるとはどういうことか

して，リバタリアニズムは，行為の源泉を，外部にある決定論的にもなりうる出来事ではなく，「自己形成行為」(self-forming actions) (p. 91) とか「行為者」(agent) (pp. 94-95) そのものとかに求めることになる．たとえば，いかなるものにも因果的に依存しない，それ自体が究極的な原因・源泉となる「行為者」といったものである．しかし，そのような「行為者」とは何なのだろうか．私たちは，教育や環境や情報に影響を受ける存在なのに，そのような「行為者」になりうるのだろうか．こうした源泉候補は，もともとの自由意志に劣らず，いやそれ以上に，何であるかがわかりにくいミステリーになってしまうのではないか．

　さらには，リバタリアニズムが決定論ではなく非決定論を信奉するならば，別の伝統的な問題が生じる．この点は，キャンベルのいう「自由意志のジレンマ」によく示されている (p. 24)．もし世界が非決定論的ならば，それは自由意志が成立する助けにはならない．「その仮定のもとでは，私たちの行為はカオス的な系の内部の偶発的な揺らぎにすぎないからである．もしそうなら，どうしてあらゆるものごとが私たち次第でありうるのだろうか」(p. 24)．つまり，

1. もし決定論が真ならば，だれも自由意志をもたない．
2. もし非決定論が真ならば，だれも自由意志をもたない．
3. したがって，だれも自由意志をもたない．

という「自由意志のジレンマ」に陥ってしまうのである．このうち「2」は，先に，決定論を認めず，かつ「自由意志テーゼ」を否定する，として言及した立場に字面上は対応するように見える．しかし，先に言及した立場は，非決定論と自由のあいだに直接の関係性を要請していないが，上の「2」は両者を直接的に結びつけている点でややニュアンスを異にしている点に注意してほしい．

　もっとも，非決定論を認めるとすべてがカオス的な偶発事になる，というのはやや論理の飛躍があるかもしれない．テニスの試合を想起してみよ．選手Aがドロップショットを放ったとする．それが狙った場所に行くかどうか，コードボールになって相手コートにポトッと落ちるかどうか，そんなことは絶対にはわからない．ある種，非決定論的・確率的である．しかし，だからとい

155

って、ドロップショットがコードボールになって相手コートにポトッと落ちたとき、それは選手Aに源泉をもたない、つまり、選手Aのポイントにはならない、ということにはならないだろう。やはり、選手Aに発する、つまりは自由意志による行為であり、それゆえ他の誰でもない選手Aのポイントになるのである。つまり、「直接的に自由な行為の場合…その行為は、出来事を包含する行為者によって非逸脱的かつ非決定論的に引き起こされるのである」(Ekstrom 2017: 66)。非決定論的な過程に入ることが、直ちに自由意志の否定につながるわけではない、とする(懐疑論に抗する)見方がありうるのである。この見方は、「行為者」といったミステリアスなものにのみ源泉性を帰すことを避けて、出来事間の因果関係と混ぜ合わせて、私たちの実感に沿うようにしているところに眼目がある。

両立論と懐疑論

次は両立論だ。これは哲学者たちには人気の考え方である。両立論を説得的に展開するには、決定論が成り立っていても他行為可能性が担保されればよい。1つのやり方は、「能力」の概念に注目する戦略である。キャンベルは、この点についてG. E. ムーアの名を挙げ、「仮言的分析」(hypothetical analysis)というやり方に言及している。「もしSが他の仕方で行為することを意志した(選択した／望んだ)ならば、Sは他の仕方で行為しただろう」(p. 103)という仕方で、決定論と他行為可能性を両立的に解釈する仕方である。換言すれば、「反事実的条件文」(counterfactual conditionals)に訴えるやり方である。しかし、「そうすることができた」という能力はどのように確証するのだろうか。生理的・物理的条件だけで確認できるのだろうか、それとも心理的な条件も加味して判断するのだろうか。

さらに、この路線に対しては、有名な「フランクファート事例」が追い打ちをかける。一般に、自由意志は発現した行為の評価とタイアップしていると考えられる。自由意志によりポジティブな結果が出た場合は称賛され(先のテニスのドロップショットが一例となるだろう)、ネガティブな、人を害するような結果が出た場合は非難され、(刑事的責任が問題になる段階以前から)道徳的責任が問われる。これらはすべて他行為可能性によって裏づけられていると考

解説 「自由意志」を論じるとはどういうことか

えられている．しかし，ハリー・フランクファートは，行為者 A が自分の意志により行為 B をしたが，じつは行為者 A は，行為 B をしないと意志した場合には，他の外的な力により行為 B をするように強制されるという条件のもとにあった，という事例を提起した．直観的にわかりやすい例を挙げるなら，自分がある政治集団に属していて，敵対する政治集団のデモに向かって自分の自由意志で差別用語に満ちた罵詈雑言を浴びせたとしよう．しかしじつは，私が罵詈雑言を敵に浴びせなかったとしたら，私の属する政治集団の代表から，罵詈雑言を浴びせるよう強く命令される，という状況にあった，というのがフランクファートの実例になるだろう．このとき，私は，罵詈雑言を敵に浴びせることに関して他行為可能性はなかった．けれども，私は，差別用語で罵声を他者に浴びせたことの道徳的責任を負うべきではないか．つまり，だとしたら，私は，他行為可能性がなくても，自由意志を行使していて，それゆえに道徳的責任を負う存在なのだ，ということになる．

かくして，両立論は，他行為可能性と決定論との両立ではなく，源泉-両立論 (source compatibilism) にシフトすることになる．たとえば，行為者が「理由応答性」(reasons-responsiveness) をもつとき，すなわち，自分の行為に対して適切な理由を述べる状態にあるとき，自由意志が成立しており，それは決定論と両立する，という見方が両立論として提起されることになった．また，他行為遂行「能力」に訴える視点をまったく別の仕方で維持する方策も打ち出されている．「文脈主義」(contextualism) と呼ばれる立場である．

それは，当該行為者に他行為遂行「能力」を帰属する文に対して，通常の文脈で真をあてがうことができるならば，自由意志は成立しているととらえる立場であり，しかもそれは決定論的世界観が成り立つか否かとは独立であり，よって決定論と両立するのである (pp. 108-110)．

おそらく，このように反事実的条件文や文脈を考慮するといった道行きは，自由意志の問題を，私たちの生きる社会の中では「そうとらえるべきだ」という規範性へと結びつける導線になるのではなかろうか．基本的に行為者に集中的に焦点を当てるリバタリアニズムに対して，社会の規範性を取りこむ窓を開いている，というのが両立論の特徴のように思える．

最後に，懐疑論について一瞥しよう．懐疑論には，「自由意志テーゼ」は偽

157

であるとする単なる懐疑論と,「自由意志テーゼ」は偽であるだけでなく,不可能である,とする不可能主義(impossibilism)とが考えられる(p. 99).これについては,すでに,現状の学問的知見に照らすならば,相応の説得力を有すると述べておいた.けれども,こうした懐疑論の最大の問題は,私たちの日常的言語実践と齟齬を来すということである.この点を考慮に入れて,自由意志は不可能だとしても,「自由意志の幻想のもとで生きるほうがよい」というスミランスキーの考え方が「幻想主義」(illusionism)という呼称のもと言及されるに至る(p. 100).これは,私が先に言及した虚構主義とほぼ同義であり(別な言い方をすれば,誤謬理論(error theory)であるともいえる),「ほうがよい」という用語からして,「自由意志テーゼ」を,たとえ幻想だとしても受け入れることが社会の幸福の度合いを増すという考え方をも包含している立場であると読める.つまりは,自由意志論争に功利主義(大福主義)を重ね合わせる論法であるともとらえられ,大変に興味深い論の進め方である.しかも,「ほうがよい」という表現は,比較や程度概念を含意する.だとすれば,たとえ幻想だとしても,自由意志を認める有効性・功利性に度合いがあることを原理的に許容する傾きにあるといえる.この点,私が先に言及した「自由度」の概念と,直結はしないけれども,親和性が高いと推測される.幻想としての有効性が高ければ,より積極的に自由意志を行為者に帰する,すなわち,自由度が高いとみなす説得性が高まる,といったように,である.

　以上,論争の軸を概観しただけで,議論の錯綜具合が伝わるのではなかろうか.本書でキャンベルは,私が理解した限りでは,どちらかというと非両立論に好意的な議論展開をしているように読めるが,それに対しても絶対的な説得性はないと結んでいる(p. 121).私自身の自由意志論へのスタンスに沿っていえば,こうした宙ぶらりんの状態に議論が浮遊することになってしまう最大の要因は,ひとえに,「決定論」を参照軸として取り上げたことにある.決定論と自由意志の関係,そこに問題の焦点を合わせるということは,「決定論」という考え方の不明瞭さを本質的に引き継ぐということだからである.しかし,それが事実としての哲学の論争の歴史なのである.ただ,最後に言及した「幻想主義」は,部分的に,迷宮性・錯綜性からの突破口を示唆しているのかもしれない.いずれにせよ,本書の狙いは,この錯綜具合を読者に実体験してもら

解説 「自由意志」を論じるとはどういうことか

う，ということであるのは間違いない．自由意志を論じるということは，真直球で，哲学の神髄に触れることなのではなかろうか．

p-自由と f-自由

最後に，私自身の視点を簡単に加えて，本解説を閉じたい．本解説の最初の部分で私は，権威・権力からの解放を叫ぶ自由とか，「自由にご覧ください」といった自由概念の用法を例として出した．改めてそれを振り返ると，これまで概観してきた自由意志論と，それらの自由概念とは互いに異なることが理解されてくる．自由意志論での自由とは，基本的に「すでに発生した行為」に関する自由，それも意志に関する「自由」であるのに対して，権威・権力からの自由や「自由にご覧ください」の「自由」は，本質的に「これから発生する事象」に関する「自由」であり，意志についての自由といった限定はない．つまり，過去視線的「自由」と未来視線的「自由」の相違がここに現出しているのである．私は，拙著『確率と曖昧性の哲学』第 5 章において，この 2 つの自由の対比を論じようとした．そして，時制の違いに対応しているところから，前者を「p-自由」，後者を「f-自由」と呼んだ（"past" の "p" と，"future" の "f" である）．この対比は，内実に即して，前者は「責任連関型自由」，後者は「権利連関型自由」とも称される．たしかに，自由意志論の「自由」は，すでに論じたことから明らかなように，道徳的「責任」との連関のもとで論じられていたわけだし，それに対して，「自由にご覧ください」の「自由」は道徳的責任に関係するとは到底思えず，それはむしろ自由に「してよい」，「することが許される」，「する権利がある」という意味であることは明白であろう．この「権利連関型自由」つまり「f-自由」は，哲学の自由論のもう 1 つの巨大な領域である．J. S. ミルの『自由論』がこの領域を代表する議論であり，それは，「文明社会の成員に対し，彼の意志に反して，正当に権力を行使しうる唯一の目的は，他人に対する危害の防止である」（ミル 1979: 224）という「他者危害原則」で有名である．

大変不幸なことに，自由をめぐる哲学の論争は，この 2 つの自由概念が乖離されたまま平行線をたどってきてしまった．本書が扱うような自由意志論は，「自由に外国旅行をすることができる」といった「自由」概念には無力・無効

159

なのである（ただ，わずかに，他行為可能性の「可能性」概念に p-自由と f-自由を架橋する手がかりがあるかもしれないとは直観している）．私は，少なくとも，「p-自由」と「f-自由」という２つの自由概念の対比を念頭に置きながら，自由概念一般について論じる論脈があってよいし，あるべきだと感じる．私自身は，そのような議論の手がかりとして，２つの条件文の対比を対応させると道が開けてくるのではないか，と論じてきた．すなわち，自由意志論の「p-自由」は，先に見た両立論のところでも出てきたように，「反事実的条件文」と親和性が高い．前件が成り立っていないことがわかっているという事情のもとでの条件文である．それに対して，「f-自由」については，「もし何々を希望すれば，これこれできるだろう」という，前件が成り立つかどうか不明なときの条件文として定式化でき，それは，つまり「直説法条件文」(indicative conditionals)に対応すると考えられる．

　こうした議論がどのような果実を結ぶか，まだまだ空白の部分が多い．しかし，本書『自由意志』が，そうした議論領域への１つの眺望を開く，心強い手がかりとなることは確実である．

*1　*Oxford Advanced Learner's Dictionary*, p. 511.
*2　私は，このように，１つの事象の原因を探ろうとするときに，１つに確定できなくて，多様なものへと原因候補が拡散されていってしまうという事態を，拙著『英米哲学入門』において，「野放図因果」として検討を加えた．この点は，源泉性概念を用いて，「野放図源泉性」としても同様に立論できる．

参考文献

Ekstrom, L. W. 2017. "Event-Causal Libertarianism". In *The Routledge Companion to Free Will*, eds. K. Timpe, M. Griffith, and N. Levy, Routledge.

Fischer, J. M., Kane, R., Pereboom, D., and Vargas, M. 2007. *Four Views of Free Will*. Blackwell.

一ノ瀬正樹　2011.『確率と曖昧性の哲学』，岩波書店

一ノ瀬正樹　2018.『英米哲学入門』，ちくま新書

ミル，J. S. 1979.『自由論』，早坂忠訳，中公バックス『世界の名著』第 49 巻所収

セインズブリー，R. M. 1993.『パラドックスの哲学』一ノ瀬正樹訳，勁草書房

訳者あとがき

本書について

本書は Joseph Keim Campbell (2011), *Free Will*, Polity Press の全訳である. 原著者のキャンベルはワシントン州立大学の教授であり, 本書の主題である自由意志と道徳的責任だけでなく, 認識論の分野での業績でも知られている哲学者である.

日本語で読める「自由意志」の入門書・研究書はいくつかあるが(文献案内を参照), 本書はその中でも, 自由意志論の最新の議論がコンパクトに網羅されている点に特色がある. さまざまな立場からの最先端の論戦がスリリングに展開されており, 自由意志に関心のある一般の読者のみならず, 哲学研究者にとっても大いに有益な1冊であると言えるのではないだろうか. ただし, そのコンパクトさと網羅性の代償として, 本書の議論にはいくつかテクニカルで難解な箇所が存在することは否めない. 一ノ瀬正樹氏による解説, および後述の各章の概要が理解の助けとなれば幸いである.

訳出に際しては, 日本語としての読みやすさを重視してなるべく平易な訳文に努めた. そのため, 論旨を損なわない範囲で適宜原文から内容を補足したり, 文構造を変えて訳出したりした箇所が多々ある. また本シリーズの一貫した方針として, 読みやすさを重視するために原語の併記をほぼ排している. 原語を知りたい場合は索引を参照されたい.

本書の概要

以下では, 各章の特に重要な議論や本書の独自性が見いだされる部分を中心に解説を施すこととしたい.

第1章では, 「自由意志」概念についての2つの代表的な見解が紹介されたあと, 本書全体の主題である「自由意志の問題」が提示される. キャンベルによれば, 自由意志とは何かをめぐって古典説と源泉説という2つの見解が存在する. 古典説によれば, 「ひとが自由意志をもつのは, 他の仕方で行為するこ

とができるときに限る」(p. 5)．自由意志をいわゆる「他行為能力」によって理解する見解である．他方，源泉説によれば，「ひとが自由意志をもつのは…，彼が自身の行為の源泉であるときに限る」(p. 5)．本書ではどちらの見解が正しいかに決着をつけることはせず，古典説と源泉説の両方を許容するさしあたりの見解として，自由意志とは「彼の行為が彼次第であるとき，かつそのときに限る」(p. 6)という理解がとられることとなる．

　自由意志の問題に移ろう．キャンベルによれば，自由意志の問題は「自由意志についての懐疑論の論証を通じて」(p. 1)最もよく理解される．第1章では時間，真理，神の予知といったさまざまな議論領域が自由意志の懐疑論を導くさまが論じられ，じつはこの部分の議論の細やかさが本書のオリジナリティの1つであるのだが，残念ながらここでは立ち入ることができない．本概要では，最も中心的な議題である，自由意志と決定論の対立軸にもとづく「自由意志のジレンマ」を紹介するにとどめたい．

　自由意志のジレンマは，以下のように定式化される(p. 24)．

1. もし決定論が真ならば，だれも自由意志をもたない．
2. もし非決定論が真ならば，だれも自由意志をもたない．
3. したがって，だれも自由意志をもたない．

決定論とは，「過去と自然法則が与えられれば，ただ1つの可能な未来しか存在しない」(p. 22)というテーゼである．はたして決定論が真であるのか，そもそも理解可能な命題であるのかについては異論の余地があるが(一ノ瀬正樹氏の解説を見よ)，自由意志の問題の難しさは，決定論が真であっても偽であっても自由意志への脅威が存在するように思われるところにある．もし決定論が真ならば，私たちの行為は遠い過去と自然法則からの帰結である．だが私たちは過去や自然法則について何ら選択をもたない．だとすれば，私たちはみずからの行為についても何ら選択をもたないのではないか(これが後述する「帰結論証」の基本アイデアである)．では世界が非決定論的だとしたらどうか．その場合，私たちの行為は何らかの偶発的な出来事の結果であることになる(第5章のロバート・ケインの議論も参照)．だがそうであれば，私たちがなすこと

162

訳者あとがき

は偶然の産物にすぎないのではないだろうか．これが自由意志のジレンマの概要である（ジレンマの2つの角を支える論証は第3章で詳しく展開される）．本書は，この「自由意志のジレンマ」に代表される自由意志についての懐疑論にいかに応答すべきかについての探求の試みであると言えよう．

　第2章では，道徳的責任とは何か（2.1節），道徳的責任の必要条件は何か（2.2-2.3節）という問いが考察され，自由意志と道徳的責任の関係を考察するうえで生じる「自由意志の危機」が提起される．道徳的責任の諸条件については本文を読んでいただくとして（2.3節では，「行為者性と連続性の条件」や「能力条件」といった，なかなか他の本では言及されることのない興味深い候補が検討されている），本概要では，「自由意志の危機」を生じさせる契機となる有名な「フランクファート事例」から説明をはじめたい．

　自由意志の古典説をふまえると，他行為能力──実際にしたのとは別の仕方で行為する能力──は自由意志に必要である．また，自由意志は道徳的責任の必要条件であるという見解ももっともらしい（2.2節）．すると，他行為能力は道徳的責任に必要であるという主張が直ちに帰結する．この主張は「他行為可能性原理」（PAP）と呼ばれる（p. 41）．ところが，ハリー・フランクファートによって提起された思考実験（フランクファート事例）は，PAPが偽であることを強力に示唆する．少々長いが，次の引用を見てみよう．

　　あるひと──ブラックとしよう──がジョーンズにある特定の行為を遂行してもらいたいとする．ブラックは自分の思い通りにするためなら相当なことをやってのける用意があるが，不必要に自分の手の内を明かすことは避けたい．したがって彼は，ジョーンズが何をすべきか心を決めようとするそのときまで待つことにした．そしてジョーンズが決心しようとすることが，ブラックが彼にしてもらいたいこと以外のことだとブラックに明らかにならない限りで（ブラックはそうしたことに関する卓越した判定者だ），ブラックは何もしない．もしジョーンズが何か別のことをしようとしていることが判明したら，ブラックは効果的な手段を用いて，彼がジョーンズにさせたいことをジョーンズが決断し実行することを確実にする．すると，

163

> ジョーンズのもともとの選好や傾向が何であれ，ブラックは自分の思い通
> りに計画を実現させるであろう．(p. 47)

この事例でジョーンズは，特定の行為――銀行強盗としよう――をすることを
避けられない．だがそれでも，彼は自身の行為に道徳的責任をもつように思わ
れる（彼は結局自分の意志で銀行強盗を決断したのだ）．フランクファート事例
はPAPへの有力な反例となっているのである．

　フランクファート事例についての以上の考察から生じるのが，「自由意志」
という語の意味について合意が存在しないという，「自由意志の危機」である．
一方で古典説は私たちの日常的な自由意志理解をうまくとらえているように思
われるが，他方でフランクファート事例ももっともらしい．だがこれらと「自
由意志は道徳的責任に必要である」というテーゼを合わせると矛盾が生じる．
私たちは古典説か，フランクファート事例か，自由意志は道徳的責任に必要だ
というテーゼのいずれかを棄却することを迫られているのである．

　第3章ではいよいよ，自由意志の懐疑論を導く論証が考察される．本書の議
論を訳者なりにまとめるなら，懐疑論を導く論証には2つの種類がある．1つ
は決定論のテーゼに依拠する論証，もう1つはそれに依拠しない論証である．
前者は3.1-3.3節，後者は3.4節の内容に対応するので，順を追って解説しよ
う．

　決定論のテーゼに依拠する自由意志の懐疑論は，先にも触れた「自由意志の
ジレンマ」によって定式化される．ジレンマは2つのステップから成り，1つ
目で決定論と自由意志の非両立性が示され，2つ目で，世界が非決定論的であ
ったとしても，そのことが自由意志の助けにはならない――決定論的な世界よ
りましにはならない――ことが示される．第3章では，1つ目のステップを支
える論証として帰結論証，2つ目を支える論証として『マインド』論証が取り
上げられる．本解説では，第4章の議論とも密接にかかわる帰結論証について
解説を施すこととしたい．

　ヴァン・インワーゲンが提示する帰結論証には2つのヴァージョンがあるが，
特に3.2節の「第3論証」は論理式が登場するため，読者の中にはテクニカル

訳者あとがき

で難しく感じられる方もいるかもしれない．とはいえ，帰結論証の基本的なポイントを理解するうえでは論証の細部を追う必要はない．なるべく論理式に頼らずに説明していこう．

帰結論証の基本的なアイデアは，ヴァン・インワーゲンの以下の引用に集約されている．

> もし決定論が真ならば，私たちの行為は自然法則と遠い過去の出来事からの帰結である．しかし，私たちが生まれる前に生じたことは私たち次第ではないし，自然法則が何であるかも私たち次第ではない．したがって，これらの帰結は(私たちの現在の行為も含めて)私たち次第ではない．(p. 51-52)

帰結論証が依拠するのは，「基礎づけ原理」と「移行原理」と呼ばれる2つの前提である．基礎づけ原理とは，「だれもその真偽に選択をもたないような真な命題(たとえば自然法則や過去についての命題)が存在することを確立する原理」(p. 59)であり，移行原理とは，「その選択の欠如をすべての真な命題に移行させる原理」(p. 59)である．移行原理にはさまざまなバリエーションがあるが，一例として本書の原理(β)を取り上げよう(p. 57)．

(β) $N(p)$, $N(p \rightarrow q) \vdash N(q)$

これは，「もしpの真理についてだれも選択をもたず，かつ$p \rightarrow q$という条件文の真理についてだれも選択をもたないならば，qの真理についてもだれも選択をもたない」と読む．いわば原理(β)は，命題pおよび$p \rightarrow q$の真偽についての選択能力の欠如が，qの真偽についての選択能力の欠如に「移行」されることを保証する原理である．

基礎づけ原理と移行原理の正しさを認めてしまえば，あとは比較的異論の余地の少ない様相論理上の操作によって，古典説のもとで理解された自由意志と決定論の非両立性が帰結する．しかるに，この2つの原理は相当にもっともらしい．ここに帰結論証の強力さがあるのである．ちなみに著者のキャンベルは帰結論証に対して，「振り子のアダム」(p. 60)という事例に訴えて，帰結論証は

165

必然的に真な「証明」ではなく，せいぜい偶然的に真であるにすぎない，という批判を展開している（この議論がどれだけうまくいっているか，ぜひ読者諸兄の側で考えていただきたい）．

　懐疑論を導く2つ目の議論に移ろう．この種の議論の代表的なものは，ゲーレン・ストローソンによる「基本論証」である（3.4節）．ストローソンによれば，ひとがみずからの行為に究極的な責任をもつためには，その行為の源泉であるところのみずからのありかたについても究極的な責任をもっていなければならない．だが，ストローソンのこの要請を受け入れるや否や，懐疑論の足音が近づいてくるように思われる．私たちはいかにしてみずからのありかたに責任をもちうるというのだろうか．私たちの行為の因果的起源を遡っていけば，いずれ私たちにとって外的な，コントロール外の要因に逢着することになるのではないか——そのことは，世界が決定論的であろうと非決定論的であろうと変わらない．基本論証は決定論のテーゼに依拠しない懐疑論の論証なのである．

　ストローソンの基本論証について2点ほど補足しておきたい．まず，基本論証は自由意志の源泉説的な見解から生じるものであり，その点で古典説を前提するヴァン・インワーゲンの「帰結論証」とは対照をなす．次に，ストローソンの基本論証も，ある種の「移行原理」に訴えていると見ることができる．みずからの源泉についての責任の欠如が，みずからの行為についての責任の欠如を帰結するとされているからだ．これは第4章で検討される「直接論証」につながる論点である．

　第4章では，直接論証，操作論証，究極性論証という3つの道徳的責任についての非両立論が論じられる．本解説では，著者の独自の見解が最も顕著に現れる，「直接論証とフランクファート事例のあいだの緊張関係」という論点について，掘り下げて解説することとしたい．

　直接論証とは，自由意志についてのいかなる前提も用いずに，道徳的責任と決定論の非両立性を示す論証である．直接論証は，上述の原理(β)と似たある種の「移行原理」が用いられる．その1つを挙げておこう(p.70)．

　　(B)　　　$NR(p)$, $NR(p \rightarrow q) \vdash NR(q)$

訳者あとがき

$NR(p)$ は，「p は真であり，かつだれも p という事実について道徳的責任をもたない」と読む．これは先の基本論証でも用いられた原理であることに注意しよう．

　さて，ここが著者の独自のポイントなのだが，「何らかのフランクファート事例が PAP への反例であることを受け入れることと，正しい直接論証に必要とされる非-責任の移行原理を承認することとのあいだには，ある衝突が存在する」(p. 76)．どういうことか．上述したフランクファート事例で，ジョーンズが自分の意志で特定の行為を遂行する現実の因果連鎖を c_1，ジョーンズがブラックの介入の結果行為を遂行する代替の因果連鎖を c_2 としよう．また，c_1 の結果として行為 a が生じるという命題を C_1，c_2 の結果として行為 a が生じるという命題を C_2，ジョーンズが行為 a をするという命題を A としよう．まず，C_1 と C_2 のどちらかが真となる（そしてそれ以外の可能性はありえない）という状況設定は，ジョーンズにとってどうすることもできないことであり，よって彼はそのことに道徳的責任をもたない（$NR(C_1 \lor C_2)$ が真）．また，この状況下でジョーンズはいずれにせよ行為 a をすることになるということも，同じくジョーンズの責任のうちにない（$NR((C_1 \lor C_2) \to A)$ が真）．したがって，原理(B)を認めると，$NR(A)$ が帰結し，ジョーンズは彼の行為に道徳的責任をもたないことになる．だがこれは，彼は道徳的責任をもつという，フランクファート事例が示唆する結論に反してしまう．ここにフランクファート事例と直接論証の「衝突」が存在するのである．

　フランクファート事例は，他行為能力が道徳的責任に必要ではないことを示す証拠として，源泉説を動機づけるものであった．一方で第3章のストローソンの基本論証に見られるように，直接論証が依拠する移行原理も，源泉-非両立論者によってしばしば利用される原理である．だとすれば，フランクファート事例と直接論証とのあいだに緊張関係が存在するという著者の結論は，少なくとも源泉-非両立論にとっては看過できないものかもしれない．

　第5章では，リバタリアニズム，懐疑論，両立論といった自由意志の諸理論の現代的な議論が多岐にわたって紹介される．マーク・バラガーのリバタリアニズム的見解(p. 92)，両立論の一種である「文脈主義」(p. 107)や「傾向性主義」(p.110)，ピーター・ストローソンによる記述的形而上学からの懐疑論への応答

167

(p. 115-119) など，バラエティに富んだ議論が目白押しなのだが，残念ながら紙幅の都合上，これらを詳しく解説することはできない．自由意志の諸理論については一ノ瀬正樹氏の解説で整理されているので，そちらもぜひ参照していただきたい．

終わりに

最後にお世話になった方々に謝辞を述べたい．まず，本書を翻訳する機会をくださった武蔵野大学の一ノ瀬正樹教授，そして折に触れて草稿を検討してくださった本シリーズの他の訳者である相松慎也氏，鴻浩介氏，野上志学氏，佐竹佑介氏に感謝を述べたい．李太喜氏には，自由意志の専門家としての立場から本書の全体にわたって有益なコメントをいただいた．また，武蔵野大学の大谷弘氏，および笠松和也氏には，それぞれヴィトゲンシュタインとスピノザにかかわる訳稿に関してご意見をいただいた．田中佑実氏には，一般読者の観点から本書の第 1-2 章についていくつものコメントと示唆を提供してくれた．併せて感謝したい．最後に，岩波書店の押田連氏は，なかなか進まない訳稿の進捗にも辛抱強く激励してくださった．ありがとうございました．

索　引

ア 行

アインシュタイン（Einstein, Albert）　9
悪の問題（problem of evil）　15
アコーディオン効果（accordion effect）　34
アリストテレス（Aristotle）　16-17, 35-37, 39, 115
アリストテレス的見解（Aristotelian view）　16
アンガー（Unger, Peter）　125
移行原理（transfer principle）　59, 65, 70-74, 76-78, 80, 120
　非-究極性の移行原理（non-ultimacy transfer principle）　82-83
　非-責任の――（non-responsibility transfer principle）　70-71, 73-74, 76-78
　非-選択の――（no-choice transfer principle）　120
一元論（monism）　5, 33, 48, 97-98
因果説／非因果説（causal/noncausal theory）　87-90
　行為者――（agent-causal theory）　88, 94
　出来事――（event-causal theory）　88, 90
　両立論的な――（compatibilist theory of agent causation）　96
因果的責任（causal responsibility）　38
ヴァルガス（Vargas, Manuel）　85, 112-114, 123, 125
ヴァン・インワーゲン（van Inwagen, Peter）　26, 29-30, 40-41, 44-45, 49, 52-53, 56-57, 60-62, 65, 67, 70, 85, 100, 111-112, 123
ヴィヴェリン（Vihvelin, Kadri）　50, 110, 123, 125
ヴィトゲンシュタイン（Wittgenstein, Ludwig）　117
ヴィルハウアー（Vilhauer, Ben）　100
ウォーフィールド（Warfield, Ted）　67, 125
ウォレス（Wallace, Jay R.）　43
ウルフ（Wolf, Susan）　105-106
運の問題（problem of luck）　21, 24, 26-29, 61-62, 88-90, 92, 94-96
運命論（fatalism）　2, 5-8, 9, 13-14, 15-17, 30
　大域的／局所的――（global/local fatalism）　6, 8
永遠性（eternality）　15, 17, 65
永久主義（eternalism）　8-10, 13, 41
NR 演算子　→非-責任演算子
N 演算子　→非-選択演算子
エリオット（Eliot, T. S.）　9-10
L-自由（L-freedom）　93
オコナー（O'Connor, Timothy）　92, 122
オッカム主義（Ockhamism）　17
オローク（O'Rourke, Michael）　30
穏健策（soft-line replies）　80

カ 行

懐疑論（skepticism）　1-2, 63, 69, 115-121, 125
　形而上学的な――（metaphysical skepticism）　2, 63, 116
　自由意志についての――　→自由意志
　道徳的責任についての――（skepticism about moral responsibility）　24, 69
　認識論的な――（epistemological skepticism）　1-2, 38-39, 120-121
改訂主義（revisionism）　113-115
仮言的分析（hypothetical analysis）　103-104, 107, 109-110
葛藤下での決断（torn decision）　92-94
可能行為の原理（PPA）（principle of possible action）　40, 45
カント（Kant, Immanuel）　115
関連事実説（relevant facts account）　102, 107, 120
帰結論証（consequence argument）　25-26, 51-56, 59-60, 67, 70, 101, 120
基礎づけ原理（grounding principle）　59-60
技能（skill）　43-44, 100, 112
基本論証（basic argument）　64-66
キャンベル（Campbell, C. A.）　94
キャンベル（Campbell, Joseph Keim）　30
究極性論証（ultimacy argument）　69, 82-85
究極的責任の条件（UR）（the condition of ulti-

169

mate responsibility) 91

強硬策（hard-line replies) 80

クラーク（Clarke, Randolph) 83-85, 95-96, 111, 122

クレッツマン（Kretzmann, Norman) 30

傾向性（disposition) 44-46, 92, 105, 110-111

　裏切り者の――（finkish dispositions) 110-111

　遮蔽された――（masked dispositions) 111

傾向性主義（dispositionalism) 19, 43-44, 110-111

形而上学（metaphysics) 33, 63-64, 113-117

　記述的／改訂的な――（descriptive/revisionary metaphysics) 113-115

　道徳的責任の――（metaphysics of moral responsibility) 33, 40

ケイン（Kane, Robert) 6, 30, 49, 50, 85, 90-92, 122, 124

決定論（determinism) 2, 22-30, 51-58, 64, 97, 99, 101, 123

　――ケース（determinism cases) 79-80

　穏健な――（soft determinism) 25

　強硬な――（hard determinism) 25, 97, 100

　ラプラス的な「――」の定義（Laplacean definition of "determinism") 23

現在主義（presentism) 8, 14

減責事由（mitigating factor) 37

源泉性（sourcehood) 3, 5-6, 33, 48, 65, 85, 107

　究極的な――（ultimate sourcehood) 3, 5, 66, 90, 98

　適度な――（adequate sourcehood) 6

源泉説（source view) 5-6, 41, 65, 91, 107

源泉-両立論／非両立論（source compatibilism/incompatibilism) 50, 69, 74, 78, 83-84, 104

幻想主義（illusionism) 100

行為者性説（agency theory) 94-96

　旧リバタリアン的な――（traditional libertarian agency theory) 94-95

　新リバタリアン的な――（new libertarian agency theory) 96

　リバタリアン的な――（libertarian agency theory) 94

行為者性と連続性の条件（agency and continuity condition) 41-42, 45

行為らしさの現象的質（actish phenomenal quality) 88

行為論（theories of action) 87, 90

構成説（constitutive account) 34

固定性／非固定性（fixity/non-fixity) 18

古典説（classical view) 5-6, 26, 36-37, 48, 52, 89, 91, 124

　――-根源主義的／非根源主義的見解（classical fundamentalist/non-fundamentalist view) 44

　道徳的責任の――（classical view of moral responsibility) 47

古典テーゼ（classical thesis) 6, 46, 48

根源主義／非根源主義（fundamentalism/non-fundamentalism) 43

根源的非両立論の原理（FIP)（fundamental incompatibilism principle) 81-82

根底的な自己説（deep self view) 105

コントロール（control) 5, 18, 36, 81, 93, 104-106

　究極的――（ultimate control) 100

　統制――（guidance control) 104

　反省的自己――（reflective self-control) 5, 43

　誘導――（regulative control) 80, 104

サ 行

サイダー（Sider, Theodore) 108-109, 125

作為（commission) 40-42

ザグゼブスキ（Zagzebski, Linda) 16, 30

サルトル（Sartre, Jean-Paul) 96-97, 105

思惟属性／延長属性（attribute of thought/extension) 98

ジェイムズ（James, William) 102

ジオン（Sehon, Scott) 123-124

時空説（spatiotemporal theory) 42

時空ワーム（spacetime worms) 9, 41-42

時系列改変の事例（altered chronology cases) 72

自己形成行為（SFA)（self-forming actions) 91-92

自己原因（causa sui) 65-66, 84

索　引

自己承認(identification)　　104-106
事実(fact)　　8, 14
　硬い／柔らかい——(hard/soft fact)　　17
自然主義(naturalism)　　44, 90, 115-116, 125
　還元的な——(reductive naturalism)
　　115-116
　非還元的な——(nonreductive naturalism)
　　116-119, 121
自然法則(laws of nature)　　19, 22-23, 25-
　26, 51-57, 70, 97
　——についてのヒューム主義(Humeanism
　about laws of nature)　　53-54
　——についての弱い／強い見解(weak/
　strong view of laws of nature)　　53-54
シック(Schick, Theodore, Jr.)　　30
実験哲学(experimental philosophy)　　114
ジネット(Ginet, Carl)　　67, 88-91, 96, 122,
　124
至福(blessedness)　　98-99
自由意志(free will)　　1-30, 36, 43, 46-49,
　51-67, 69, 87-122
　——テーゼ(free will thesis)　　1-2, 25,
　51, 63, 87, 99, 112, 119
　——についての懐疑論(free will skepti-
　cism)　　1-2, 28-30, 49, 51, 63-66, 87,
　97-101, 115, 121
　——のジレンマ(free will dilemma)　　24-
　29, 51, 61-64
　——の問題(problem of free will)　　4, 21,
　24, 51-67, 100, 112, 114, 123
　「——」の危機(the "free will" crisis)
　　33, 46-48
自由に関する反事実的条件文(counterfactuals
　of freedom)　　18-20
自由の条件(freedom condition)　　35-39,
　45, 48, 75, 99, 124
　(遡及的な)——(freedom (with tracing) con-
　dition)　　37, 45
　(遡及的な)古典的／源泉的——(classical/
　source freedom (with tracing) condition)
　　37, 41, 124
受精卵論証(zygote argument)　　78, 112
準両立論(semicompatibilism)　　35, 85, 101,
　104
条件文分析(conditional analysis)　　45, 110
称賛(praise)　　34-35, 37-38, 42, 64, 82, 101

所有者性(ownership)　　3, 106
　メカニズムの——(mechanism ownership)
　　80
ジョンソン(Johnson, David)　　67
新カント主義(neo-Kantianism)　　89-90, 96
新実存主義(neo-existentialism)　　96
真正性(authenticity)　　3
神秘主義(mysticism, mysterianism)　　17,
　112
真理の時点(time of truth)　　14
真理の無時制／時制説(tenseless/tensed view
　of truth)　　13-15, 17
真理メイカー(truthmaker)　　14, 20
ストローソン(Strawson, Galen)　　28, 64-
　67, 69, 83, 85, 99-100, 122
ストローソン(Strawson, Peter F.)　　34-35,
　54, 113, 115-119, 125
スピノザ(Spinoza, Baruch)　　97-98
スミランスキー(Smilansky, Saul)　　100,
　121-122, 124
制限主義(restrictivism)　　61, 112
正当化(justification)　　116-119, 125
責任　→道徳的責任
責任の引き受け(taking responsibility)
　105
説明(explanation, account)　　1, 22, 90
　因果的——(causal explanation)　　22, 87-
　90, 97
　記述的／改訂的——(descriptive/revision-
　ary account)　　113
　行為者因果的——(agent-causal explana-
　tion)　　97
　自然主義的な——(naturalistic explanation)
　　90
　実践的——(practical explanation)　　90
　診断的／指令的——(diagnostic/prescrip-
　tive account)　　113
　対比的——(contrastive explanation)
　　94, 96
　出来事ベースの——(event-based explana-
　tion)　　97
全知性(omniscience)　　15
操作(manipulation)　　3, 69, 78-82
　——ケース(manipulation case)　　79-80
　——論証(manipulation argument)　　69,
　78-82, 85, 90

171

創出(origination) 3
創造性(creativity) 3
ソクラテス(Socrates) 38-39
ソーザ(Sosa, David) 23-24
祖父のパラドックス(grandfather paradox)
　10-12, 108
ソマーズ(Sommers, Tamler) 100

タ 行

第1論証(first argument) 51-56
第3論証(third argument) 52, 56-60, 69
対自/即自(for-itself/in-itself) 96-97
タイムトラベル(time travel) 10-13, 108
多元論(pluralism) 5, 35, 48, 97
他行為可能性原理(PAP)(principle of alterna-
　tive possibility) 41-42, 45-48, 69, 74-
　76, 89, 104
他行為可能性の条件(AP)(the condition of
　alternative possibility) 91
ダブル(Double, Richard) 99, 122
チザム(Chisholm, Roderick) 94, 122
直接論証(direct argument) 64, 69-78, 104
ツィマーマン(Zimmerman, Michael J.) 39
デイヴィドソン(Davidson, Donald) 34, 90
TDW-非決定論(TDW-indeterminism)
　92-93
テイラー(Taylor, Richard) 30, 94
ティンペ(Timpe, Kevin) 123
出来事(event) 8, 22-23, 33, 88, 124
　——の時点(time of event) 14
　——・ベースの説明(event-based explana-
　tions) 97
デローズ(DeRose, Keith) 125
道徳的条件(moral condition) 40, 45
道徳的責任(moral responsibility) 4, 33-
　50, 64, 69-85, 89, 91, 93, 99-101, 104, 121
　——テーゼ(moral responsibility thesis)
　69
遠い過去(remote past) 16, 57-60

ナ 行

二元論(dualism) 61, 97
　根源的——(fundamental dualism) 100
認識的条件(epistemic condition) 35-39,
　45
　(遡及的な)——(epistemic (with tracing)

condition) 39, 45
　第1次近似の——(first approximate episte-
　mic condition) 37
　第2次近似の——(second approximate
　epistemic condition) 38
認識的遡及原理(epistemic tracing principle)
　39
ネーゲル(Nagel, Thomas) 106-107
ネルキン(Nelkin, Dana) 67
能力(ability, capacity) 5, 19, 43-45, 55-
　57, 102-105, 110-111, 114, 120, 125
　——帰属文(ability-ascribing sentences)
　107-109
　——条件(capacity condition) 43
　——の非両立論的な見解(incompatibilist
　view of ability) 55, 102
　他行為——(ability to do otherwise) 5,
　33, 36, 46-49, 54, 101-105, 107
　強い/弱い——理論(strong/weak theories
　of ability) 55, 102
　定言的/仮言的——(categorical/hypotheti-
　cal ability to do otherwise) 102-103,
　110

ハ 行

ハスカー(Hasker, William) 19, 30
パスカルの賭け(Pascal's wager) 118
パーフィット(Parfit, Derek) 42
バラガー(Balaguer, Mark) 50, 92-93, 121-
　122, 123
反応的態度(reactive attitude) 34
非決定論(indeterminism) 21-22, 24-30,
　51, 60-62, 65, 75-76, 88, 90-93, 99, 121
　——は足しにならない論証(indeterminism-
　can't-help argument) 27-29
非-責任演算子(non-responsibility operator,
　NR-operator) 69-73, 76-77, 81-82, 123
非-選択演算子(no-choice operator,
　N-operator) 56-58, 69, 123
必然主義(necessitarianism) 98
ヒッチコック(Hitchcock, Alfred) 35
非難(blame) 34-35, 37-42, 64, 82, 101
ヒューム(Hume, David) 54, 125
ヒューム主義　→自然法則
標準説(standard account) 35
開かれた有神論的見解(open theism view)

索　引

16
非両立論(incompatibilism)　2, 25, 51, 63,
　69, 89, 99, 113-115, 124
　強硬な——(hard incompatibilism)　99
　源泉-——(source incompatibilism)
　　50, 69, 74, 78, 83, 85
　古典-——(classical incompatibilism)
　　49, 69, 104, 112
　道徳的責任についての——(incompatibil-
　　ism about moral responsibility)　30,
　　69-70, 78-79, 121
フィッシャー(Fischer, John Martin)　18,
　34, 49, 67, 71, 73-74, 80, 85, 104-106, 122
フィンチ(Finch, Alicia)　67
フェルドマン(Feldman, Richard)　125
不可知論(agnosticism)　1, 63, 112, 119-120
　——的な自律性説(agnostic autonomism)
　　112
不可能主義(impossibilism)　63-64, 99-100
　道徳的責任についての——(impossibilism
　　about moral responsibility)　99-100
不作為(ommission)　40, 80
普遍的な因果性(universal causality)　22
普遍的な予測可能性(universal predictability)
　23
フランクファート(Frankfurt, Harry)　47-
　48, 101, 105-106, 122, 123
フランクファート／アウグスティヌス的解決
　(Frankfurt/Augustinian solution)　16
フランクファート事例(Frankfurt cases)
　41, 47-48, 71, 74-78, 83, 103, 110
　真の——(genuine Frankfurt cases)　75-
　　77, 83, 124
　単一行為者の——(single-agent Frankfurt
　　cases)　71-72, 77
振り子のアダム(oscillating Adam)　60
分岐道の園(garden of forking paths)　7
文脈主義(contextualism)　13, 107-109,
　120, 124
ペリー(Perry, John)　14, 55-56, 58, 67, 102
ペレブーム(Pereboom, Derk)　30, 50, 74,
　80-81, 85, 99-100, 121-122
ボエティウス的解決(Boethian solution)
　17
ホーソン(Hawthorne, John)　125
ホンデリック(Honderich, Ted)　99, 122,

125

マ 行

『マインド』論証　29, 60-63, 67, 88, 112
マーコシアン(Markosian, Ned)　13-14,
　30, 96, 122
マッケイ(McKay, Thomas)　67
マッケナ(McKenna, Michael)　30, 73, 80,
　85
『マトリックス』3 部作(Matrix trilogy)
　21, 30-31
ミーリー(Mele, Alfred)　35, 78-79, 112,
　122
ムーア(Moore, G. E.)　101-103, 109
無神論(atheism)　1, 63, 119-120
無相違テーゼ(no-difference claim)　80
無知(ignorance)　37-39, 45, 98
メタ両立論(metacompatibilism)　119
モーム(Maugham, W. Somerset)　6
モリーナ説(Molinism)　18

ヤ 行

URD(ultimately responsible and deserving of
　praise or blame)　64-65
四次元主義(four-dimensionalism)　9, 41
予知(foreknowledge)　2, 15-22, 30
　完全——(complete foreknowledge)　15
　部分——(partial foreknowledge)　16
欲求(desire)　43, 87-89, 92-93, 97-98, 105-
　106
　一階の／二階の——(first-order/second-
　　order desire)　105-106
四事例論証(four case argument)　80-81

ラ 行

ラヴィッツァ(Ravizza, Mark)　35, 50, 80
力能(powers)　2, 5, 43-45, 48, 110-111
　傾向的——(dispositional powers)　44,
　　110-111
　根源的な——(fundamental power)　5,
　　43, 48
リード(Reid, Thomas)　94
リバタリアニズム(libertarianism)　17, 25,
　87-97, 99, 112-115, 122
理由応答性(reasons-responsiveness)　80,
　104

173

適切な——(moderate reasons-responsive-ness) 104

量子力学(quantum mechanics) 22, 25, 91, 99

両立問題(compatibility problem) 2, 4, 27

両立論(compatibilism) 25, 49, 60, 79-80, 87, 96, 101-111, 122, 124

穏健な／強硬な——(soft/hard compatibilism) 80, 104

源泉-——(source compatibilism) 49, 104

古典-——(classical compatibilism) 44, 90

準—— →準両立論

道徳的責任についての——(compatibilism about moral responsibility) 101

メタ—— →メタ両立論

ルイス(Lewis, David) 11-13, 54-55, 67, 108-110, 125

レーラー(Lehrer, Keith) 50, 54-55, 103, 114, 122, 123

ロック(Locke, John) 42

論争の袋小路(dialectical stalemate) 73-74

ワ 行

ワイダーカー(Widerker, David) 70-73, 82, 85, 123

私たち次第性(up-to-usness) 2, 5-6, 33, 36, 48-49, 52

ワトソン(Watson, Gary) 123

ジョセフ・**K**.キャンベル　Joseph Keim Campbell

1992 年アリゾナ大学 PhD. 現在，ワシントン州立大学
教授(School of Politics, Philosophy, and Public Affairs)．自由
意志論，道徳的責任論，ヒューム，懐疑論．共著に *The
Routledge Companion to Free Will*. Routledge (2017);
Freedom and Determinism. The MIT Press (2004)など．

高崎将平

1990 年生．東京大学人文社会系研究科博士課程満期取
得退学．現在，早稲田大学，國學院大學講師ほか．

一ノ瀬正樹

1957 年生．東京大学大学院人文社会系研究科教授を経
て，現在，東京大学名誉教授，オックスフォード大学名
誉フェロウ，武蔵野大学教授．哲学．

現代哲学のキーコンセプト
自由意志　　　　　　　ジョセフ・K.キャンベル

2019 年 9 月 26 日　第 1 刷発行
2024 年 4 月 5 日　第 2 刷発行

訳　者　　高崎 将平

発行者　　坂本政謙

発行所　　株式会社 岩波書店
〒101-8002 東京都千代田区一ツ橋 2-5-5
電話案内 03-5210-4000
https://www.iwanami.co.jp/

印刷・三陽社　カバー・半七印刷　製本・松岳社

ISBN 978-4-00-061363-7　　Printed in Japan

入門から　もう一歩進んで考える

現代哲学のキーコンセプト
Key Concepts in Philosophy

解説　一ノ瀬正樹

A5 判　並製　平均 224 頁

- 英国ポリティ（Polity）社から刊行中のシリーズから精選
- 手ごろな分量で，現代哲学の中心的な概念について解説
- 概念の基本的な意味や使い方・論争点等を示す教科書

『確率』
ダレル・P. ロウボトム（香港嶺南大学教授）……………………佐竹佑介訳

『非合理性』
リサ・ボルトロッティ（バーミンガム大学教授）………………鴻　浩介訳

『自由意志』
ジョセフ・K. キャンベル（ワシントン州立大学教授）…………高崎将平訳

『真理』
チェイス・レン（アラバマ大学准教授）………………………野上志学訳

『因果性』
ダグラス・クタッチ（西インド諸島大学講師）…………………相松慎也訳

所属は執筆時

──────── 岩波書店刊 ────────

定価は表示価格に消費税が加算されます
2024 年 4 月現在